犯韓論

黄 文雄

幻冬舎ルネッサンス新書

090

まえがき

2012年夏、任期満了を前にした韓国の李明博《イミョンバク》大統領は、唐突に韓国占有下の日本の伝統領土・竹島に上陸し、実効支配を演出した。後任の朴槿恵《パククネ》大統領は告げ口外交で世界を行脚し、韓国のマスメディアも旗振り役を務めて、反日全民運動の展開を図っている。

朴《パク》大統領は独善的な「正しい歴史認識」を日本に突きつけ、「千年の恨み」は消えないと公言した。さらに確証のない従軍慰安婦問題を海外輸出するなど、政府が「反日」を国策として鼓吹し、反日業者が「反日愛国」の名のもとで暗躍している。善隣外交が現実にはいかに難しいかを教えてくれたのが、この挑発的にして理解不能な反日行動であった。

我慢強く思いやりのある日本国民もこれらの行動にはさすがに辟易《へきえき》し、嫌韓感情が広がっている。数字の上でも、日本企業の対韓投資は激減、観光客も25%減少という結果が出た。かつて人気が高かった韓流も「寒流」となり、関連ショップの閉店が相次いでいる。

日本人にとって不可解な韓国人の言行はまだある。天皇陛下の韓国訪問など予定されておらず、その意向もないのに、李前大統領は「もし天皇が訪韓したいなら、犯罪人のように両手を縄で縛ってひざまずかせる」と、一国の大統領として考えられないような非常識な発言を行っている。過去の問題はすでに日韓基本条約で解決しているにもかかわらず、従軍慰安婦問題をはじめ一方的に反故《ほご》にするのは、法意識の欠如を自分でさらけ出しているようなものだ。この発作的な狂騒状態は一種の病気であるとも分析されている。

いわゆる「正しい歴史認識」なるものは、しょせん「政治」であって「歴史」ではない。それは全体主義史観であり、右のファシズムも左のコミュニズムもこの「正しい歴史認識」という全体主義史観によって縛られている。

日本は多元的な価値を是認するが、それは議会制民主主義国家になってからのことではなく、伝統的に神代から多元的な価値を容認してきた。韓国による全体主義的歴史観を押し付けられ、それを受け入れることは文化の自殺に等しい。戦後日本は韓国のいう「正しい歴史認識」を容認してきたが、すべての国民にそれを強制するのは憲法違反でもある。

韓国では大統領まで「21世紀は韓国人の世紀」「世界一聡明なる民族のDNA」と自画自賛し、「日の丸やかな文字は韓国人が作った」などと言いたい放題だ。それが彼らの国民性でもあるが、韓国の言いなりになっているときりがないし、誰のためにもならない。

韓国の掲げる反日のお題目にはいくつか特徴がある。いずれもはるか昔の代の話で、法的にはすでに決着しているにもかかわらず、あたかも現在進行中であるかのように騒ぎ立てることである。しかも彼らのいう「歴史」とは、創作、幻想、思い込みの交じった自己主張の押し付けに過ぎない。

日韓の近現代史をさかのぼってみると、ハングル世代の言う「反日・抗日」の真相は、ほとんどが朝鮮戦争のような自民族の殺し合いだった。民族運動の指導者は、ほとんどが戦後、仲間や政敵によって殺し尽くされており、決して日本のせいではない。

反日運動は80年代後半から中国の反日の尻馬に乗って推し進めてきたもので、慰安婦問題は90年代からである。そして現在の朴大統領は自身が先頭に立って告げ口外交をはじめ、国是国策としての反日をいっそう強めている。

これほど韓国が反日にこだわる理由は、いったい何なのか。それは歴史をはじめすべてを総合的に見なければ分からない。まして二国間の問題を海外輸出するようになった理由は単純ではないのだ。

歴代の韓国大統領が「これが最後」として、日本から「反省と謝罪」そして援助を得るというパフォーマンスはすでに常態化していた。現在は「反日愛国」の全民運動が進行しているものの、韓国の「克日」は成功していない。だからこそ大統領までが先頭に立って旗振り役を務めざるを得なくなっているのではないか。

一方で、日本は売られた喧嘩にかなり戸惑い、対応に苦慮しているのも確かである。アメリカ政府をはじめ、日韓関係の悪化を憂慮する友邦も少なくない。ただし、安倍政権は、スタートしてから今日まで、決して善隣を放棄しているわけではない。問題は韓国が日本に理不尽な「正しい歴史認識」や「千年の恨み」を使ってゆすりたかりをしていることにある。周辺諸国が「和解」を双方に求めるのなら、「正しい歴史認識」や「千年の恨み」を口にする韓国に、「その歴史が本当に正しいのか確かめませんか?」「恨みを千年もたなくてもいいのでは?」などとアドバイスをしてほしいものである。

そう考えるのがむしろ常識にして良識ではないだろうか。

韓国人の反日の行動や精神を分析するには、通説を検討するのみならず、その根底に潜む心理や精神の分析まで必要だと私は痛感している。本書は韓国人の反日の理由だけでなく、日本人としてどう対処するべきかも含めて、日韓の諸問題を掘り起こしたものである。

本書が韓国による反日を理解する一助になれば幸甚である。

犯韓論

目次

編集協力　中村悟志
DTP　廣瀬梨江

第一章　なぜ韓国の反日は終わらないのか

朴槿恵大統領の常軌を逸する告げ口外交

韓国の朴槿恵《パククネ》大統領が繰り広げた告げ口外交は、韓国人以外の誰が見ても異常な行動であった。就任早々オバマ大統領に、習近平主席に、ドイツのメルケル首相に、ロシアのプーチン大統領にも「日本の悪口」を告げながら、世界行脚をしたのだ。

朴《パク》大統領の言っていることは、日韓二国間の問題であるし、過去の暗い話は誰も聞きたくはない。それ以外に今現在や未来に、もっと大事なことがあるはずだというのが各国の本音ではないだろうか。プーチンは朴大統領との会見をわざと遅刻したという話もある。彼女と話しても大した話は出てこないと踏んだのではないだろうか。

もっともこの「異常な行為」は韓国人にとって昔からの風習にして、恨《ハン》の文化の代表的なビヘイビア（行動・態度）であり、今でも流行しているのは、それがむしろ生活の一部だからだ。中華帝国歴代王朝の千年属国におののく国王をはじめとする王室、王族、士林（官僚派閥）、両班《ヤンバン》の恨みつらみと虐げられた常民、奴婢の恨みつらみから生まれたのが「恨」の文化である。韓国の文化人の多くはそれが韓国文化のコアだと説いている。ニーチェがいうルサンチマン（強者に対する怨恨や憎悪）と同じだろう。

日本人からすれば「下品」であり「悪徳」だが、韓国人にとって日本人がそう思おうと倭奴《ワノム》（半島における日本人の蔑称）の勝手であり、当然のことなのだ。恨みつらみの告げ口も、恨の文化においては最高の徳となるのである。

それにしても、先頭に立って「反日」の旗を振る国家元首は確かに珍しいものがある。反日の歴史を見ても、せいぜい朴大統領と江沢民主席くらいではないだろうか。どちらも共通性があり、違いといえば大中華と小中華の違いくらいである。

江沢民は上海人・呉人で、中国では一番嫌われる人種だ。自己中心的、金しか眼中にない、狡猾《こうかつ》にして裏切り者、ことに男は女々しい、など否定的イメージが強く、「あいつは上海人」といえば「信用できない奴だ」という意味になる。反日に我を忘れるという点で、江沢民と朴大統領は似ているのかもしれない。江沢民が中国史上最大の反日国家指導者と見なされるのは、どこへ行っても「反日」を忘れなかったからである。戦後に米中の間で朝鮮をめぐるいざこざがあったにもかかわらず、それをおくびにも出さずに、訪米の際、わざとパールハーバーへ献花し、米中共通の敵「日米戦争の日本」の戦争犯罪ばかりを強調している。

「日本の悪いクセをなおしてやる」と江沢民が金泳三《キムヨンサム》大統領に述べたことで知られる1995年の会談の時、現実的にはありえない「日本軍国主義復活」を韓国に警告。そして「日本に永遠に謝罪させる」とまで放言した。

ここまで、江沢民が執拗に反日発言をするのには、日中戦争の時代に南京でいったい何をしていたのかを国民に疑われてはまずい、なんとかそこから目を逸らさせなければという思いがあったように分析する。「八年抗戦（日中戦争）」当時、重慶や延安まで逃げた共産党員や愛国者たちは、抗日の英雄と言われている。しかし、江沢民は当時、日本と手を結んでいた汪兆銘の南京政府の下で、いったい何をしていたのか不明であり、その忠誠心が疑われるところも多いのだ。

朴大統領は、アメリカをはじめドイツやロシアでも反日行脚を続け、中国と組んで反日の大合唱を繰り広げておりメディアから「売笑外交」ともいわれる有様だ。ちなみに「笑を売る」は漢語において「売春」の同義語であり、現在も常用されている。日本を貶《おとし》める告げ口外交には、他力本願の事大（弱者が強者に仕えること）による性格が表れている。

しかし朴大統領にはやむを得ない事情もあるのだ。北朝鮮、ことに若い最高指導者の金《キム》正恩《ジョンウン》が暴走する脅威や、国内の反朴勢力が北と呼応する懸念もある。政権の正当性が問われる一方で、経済がつぶれるのは時間の問題であり、支持率も低下するばかりである。反日パフォーマンスをテコにしないとナショナリズムが育たず、国も危うい状態なのだ。

「日本は大人であり、国は強く、世界からも信頼されている。一方の韓国は世間知らずの子供なのだから、若干暴走したとしても、日本は気にしなくてもよいのではないか」と大使経験もある台湾の友人からアドバイスされたことがある。

韓国は今でこそ暴れていられるが、それも長く続かない。相手にしても振り回されてしまうだけなので、過剰反応するのではなく、寛容な器量で許してあげるか、相手にしないのがよいのではないかというのである。

朴大統領の行為は国家元首として極めて非常識だが、「窮鼠猫を噛む」で、優しい日本しか噛みつく相手がいないのかもしれない。

実際、過去にも朝鮮の告げ口外交が国際問題に発展したことがある。

日清戦争後に下関条約の第一条の規定により、清が属国の朝鮮独立を認知した。独立後の李朝朝鮮は、やがて「大韓帝国」と国号を改め、国王が皇帝と改称した。従来、「天子七廟、諸侯五廟」という朝貢冊封の規定から、中国の属国は天帝を祀《まつ》ることすらできなかった。この時、韓国は千年来の歴史において初めて天帝を祀ることができたのである。

つまり、初めて、中国の属国ではなくなったのである。

その後、日本は大韓帝国との間に韓国保護条約を結び、韓国の保護国化を進めた。初代統監となった伊藤博文は、朝鮮自治振興策を採っていたが、大韓帝国の皇帝・高宗は、保護条約の破棄を狙い、ロシア皇帝の主唱するハーグ万国平和会議に密使を派遣して条約の無効を訴えた。これが1907年の「ハーグ密使事件」だ。

しかし朝鮮に外交権がないことから会議への出席は拒否され、ロシア政府も直ちに日本に通報し、陰謀に関係しない意思を伝えてきた。伊藤は高宗の態度に激怒し「かくの如き陰険な手段を以て日本保護権を拒否せんとするよりは、むしろ日本に対して堂々と宣戦を布告せらるるのは、捷径《しょうけい》（近道）なるにしかず」と述べている。こんな陰険な手を使うくらいならさっさと宣戦布告してこい、ということだろう。

高宗は臣下が勝手にやったことで、自分はまったく知らない、関係していないとごまかそうとしたが、やがて皇帝を退位させられた。

日韓併合についてはもともと賛否両論だったものの、この事件をきっかけに世論は一気に併合論に傾いていく。本来日韓併合に消極的だった伊藤が、この2年後に韓国人の安《あん》重根《じゅうこん》に暗殺されたこともあり、1910年、ついに韓国と日本が併合に至ったのだ。

韓国では伊藤を「国権を奪った元凶」、安重根を「反日の英雄」としているが、実際にはこの暗殺事件こそ日韓併合の引き金となったのだ。

陰険な手段が暴走しすぎると自業自得に陥ることもあることを、韓国人はもっと肝に銘じるべきではないだろうか。

反日愛国の七重苦

では、朴槿恵大統領はなぜ、就任早々に告げ口外交で世界を行脚せざるを得なかったのだろうか。韓国の経済力はすでに後退しており、国内外問題も山積している。常識で考えて、すぐ取り組まなければならない課題は他にあるはずだ。

韓国内外では「女だから」という差別的な意見もあるものの、これには同意できない。韓国初の女性大統領であり、不満だらけの近所のおばさんとはわけが違う。朴大統領が反日にかける異常な執念から私が連想するのが江沢民だ。そして朴大統領の父・朴正熙《パクチョンヒ》は、権力闘争で敗れて失脚した親日派の中国国家指導者・胡耀邦の悲劇を思い起こさせる。

その反日と親日の背景を視野に入れてみると、小中華と大中華の国家指導者としてのビヘイビアには実に類似性が多く、示唆されることも少なくない。改めて、朴大統領が政治上のステータスとしての「反日」に固執せざるを得ない理由を考えてみよう。それは大統領が現在悩まされている七重苦ともいえる。韓国人の反日の集大成そのものなのだ。

【①テロリストが英雄になる国】

韓国は「半万年史」を自称していても、世界的に知られた英雄譚《たん》などはない。いくらウリナラ（我が国）自慢（四章で詳説）をしても、それは自己満足以外のなにものでもない。中華の主として君臨した四夷八蛮は数多いが、北方諸民族の中でそれができなかったのは半島の朝鮮だけだ。民族の英雄は抵抗の英雄くらいで、たいていは李舜臣《イスンシン》（豊臣秀吉の朝鮮出兵の際、和議のあとにすぐに日本軍を襲うという卑怯な手を使うも、流れ弾にあたって亡くなった。なぜか悲劇の英雄と祭りあげられた）のように悲惨な運命を迎えている。

美化されている安重根もしょせんはテロリストで、その他の民族運動の指導者たちもほとんど仲間や政敵の手で殺されている。韓国の政界は極めて不安定にして、前大統領の粛清も法則になっている。朴槿恵大統領も辞めたら、粛清の法則から逃れ切れるとは思えない。

韓国にとっての「反日愛国」はまさしく新しい宗教だ。変に過熱し、暴走すると、朴正熙の暗殺犯である金載圭の像が大統領官邸のある青瓦台《せいがだい》に建てられることは十分考えられる。朴正熙を暗殺したテロリストも反日派の中では英雄視されるようになるのだ。

そうならないためには、自らが先頭に立って、反日のパフォーマンスを演出せざるを得ない。

【②反日メディアの圧力】

ＮＨＫや朝日、日経など自虐的な日本のメジャーメディア、朝鮮日報をはじめとする反日メディアは今でも国内の言論を支配している。韓国人自身がそれほど過激な言動に走らなくても、政治家がメディアの反日に踊らされているのが現実である。朴以外が大統領になっても、こうしたパフォーマンスや演出を拒否することはできない。

【③社会の主役が反日派】

戦後70年近くが経ち、朝鮮戦争からも60年以上が経過した。戦前世代の知日派はすでに老境に入り、ハングル世代が社会の主流になっている。朴大統領もほかならぬハングル世代であり、反日メディアや教育に育てられた彼ら「新人類」が社会の主役なのだ。レームダック（死に体）の李明博《イミョンバク》前大統領が退任前に竹島に上陸したのも、反日世論への迎合が目的だった。

【④親北勢力の存在】

戦後韓国の天敵は北朝鮮の金王朝である。金大中《キムデジュン》から盧武鉉《ノムヒョン》まで約10年の間、韓国では反日反米の親北政権が続いた。経済でも総合的な国力でも韓国は優勢を保っているものの、親北勢力の存在が韓国を二分しているのが現実だ。こうした内部の脅威も北以上に深刻である。朴政権にとって、国内の親北左翼勢力と北の核は、日米中ロ以上の脅威なのだ。自分は朴正熙の娘だが、決して親日派ではないことを演出し、国内の左翼勢力から親日派という烙印《らくいん》を押されないようにするのに命懸けである。

【⑤不正発覚で揺らぐ政権】

朴一族の不正や不正選挙の証拠が続々明らかになっており、野党からも政権としての正当性が問われている。反日をテコにどこまで与党政権を守れるか、大統領は体制防衛に追われている。

【⑥中国にすがる経済】

アジア金融危機後、外資やパクリ商法、ウォン安に守られてきた韓国経済だが、アベノミクスの影響で苦境に立たされている。難破船状態の韓国は、反日を掲げる中国というより巨大な、しかし沈没寸前の巨艦にすがりつかざるを得ない。先の展望などほとんどなく、まさに暗夜を漂流しているのだ。

【⑦歴代大統領の悲劇】

易姓革命（武力を盾に前王朝を簒奪《さんだつ》）の国は革命の大義に基づいて王朝簒奪を正当化するため、いわゆる「一朝の君主、一朝の臣下」が歴史の法則になっている。先の君主の時代が終わると、群臣もその代ですべてが抹殺されるのだ。李朝朝鮮が高麗朝を簒奪した際も、先の王族やその臣下は根絶やしにした。歴代大統領もその悲劇を免れられない。退任したばかりの李明博前大統領、そして任期が一期5年限りの朴大統領はどういう運命をたどるのか。朴大統領は自分だけは例外と考えたいだろうが、やはりこの悪夢に怯《おび》えているに違いない。だからこそ、同じく、悪夢に怯えている李明博前大統領に倣って、反日愛国を演出しているのだ。

韓国が北の脅威に対抗し、また経済危機を乗り切るためには、日本との連携が不可欠である。しかし親日派だった父を持ち、かつ七重苦に四苦八苦しながら「ブレない政治家」を掲げる朴大統領には、日本と妥協することはどうしてもできない。「反日立国」の韓国では朴槿恵は父・朴正熙の親日なイメージを払拭しないかぎり、反日の旗振り役のメディアからも、野党からも、民衆からも支持を得られない。だから歴代の大統領以上に反日のパフォーマンスを演出せざるを得なかったのだろう。

こうして「毒を食らわば皿まで」といわんばかりに、はけ口としての反日に走らざるを得ないのだと考えられる。

朴槿惠大統領に救いの道はあるか

朴大統領の告げ口外交は誰が見ても度を越している。米国オバマ大統領との会談でも「日本が正しい歴史認識を持たねばならない」と発言して問題になった。民主党政権のアメリカ離れから一変、日米が友好度を深めつつあることを危惧しているのだろうが、日本の歴史認識などアメリカにはどうでもいいことだ。

あまりにもしつこく告げ口外交をする姿を社民党の党首であった土井たか子氏と重ねて見る人も少なくないようである。土井氏はかつて「北東アジア総合安全保障機構」なる非核地帯構想を論じていたことがあった。土井氏は、朴大統領と同じように原則と理想ばかりを口にしていたのだ。そして、我執が強く、思い込んだら命がけであるところなども、確かに共通しているといえるかもしれない。

だからというわけではないが、韓国の大統領は実に相手しづらく、変に止めると大変なことになる。

先にあげた七重苦は、今現在の韓国人の問題そのものであり、それを背負って立っている相手を隣人として理解するべきと感じるところもある。

まず押さえておきたいのは、半島を一民族一国家としてまとめるのは（地政学的にも生態学的にも）容易ではない、ということだ。

ヨーロッパのゲルマン人が数カ国、中南米が数十カ国に分かれざるを得ないのにはそれなりの理由があるのだ。

仮に半島の南北が現在一つになったらどうなるか、想像を絶するものがある。半島が三韓時代・三国時代に分かれていた理由を考えることこそ「正しい歴史認識」であり、歴史に学ぶということである。

韓国人は自己主張が強く、二人だけで三つの党が作れると言われているぐらいだ。朝鮮名物である朋党の争いは、どの時代においても起こっており、宦官（宮廷に仕えるため去勢された男性）のあいだでも貢女《コンニィ》（朝貢品としての女性）のあいだでも、人が大勢いればとにかくすぐに争いが起きる。

団結をして何かをするということが苦手な民族なのである。つまり、政党が多ければ多いほど、国家が多ければ多いほどトラブルが減っていく社会であるとも言える。万が一、南北が統一でもしたら、紛争の悲劇は避けられないだろう。大家族よりも核家族の方が喧嘩は少ないのだ。

今の韓国はまさに内戦直前、一触即発の状態で、「反日・仇日・侮日」をテコに民力を結集するのも難しい局面に来ている。メディアが扇動して野党がそれを煽《あお》り、反日をアピールしないと大統領だけでなく、政治家も学者も職を追われる状態なのだ。それを考えると告げ口はおろか「売笑外交」に走らざるを得なくなる。誰が大統領になっても、やはり同じことしかできないであろう。

ことに朴大統領のように大物の父のもとでお嬢様として育てられてきたエリート中のエリートがプライドも我執も人一倍強いのは、ごく当たり前である。この「我執」を政治の視点でいえば「絶対原則を曲げない」「ブレない」ということになる。反面、こういう人物との対話が実に難しいことは、開国維新後の日朝外交史からも明らかである。

韓国人には「世界は自分を中心に回っている」と思い込んでいる人が多く、また日本人の一挙手一投足をなにかと捉えてくる。安倍外交を「反韓」だと批判するのも我執からくるものではないだろうか。こんな相手に、わざわざ屈従外交を行う必要などどこにもないのだ。

支持率が下がると日本叩きを始めるのは韓国大統領の伝統のようなもので、金泳三や盧武鉉、李明博も同様であった。しかし就任早々反日に狂奔し、アメリカの大統領や国防長官にまで反日外交を展開する朴大統領はさすがに極端というしかなく、韓国国内からも「やりすぎだ」との声が出ている。

朴大統領の振る舞いはハングル世代の韓国人の振る舞いを代表するものでしかない。朴大統領はしょせん、清朝末期に帝に代わり実権を握った西太后のような超越した存在にはなり得ないのだ。

似ているのは、西太后ではなく李朝朝鮮末期に権力をふるった閔妃《ミンぴ》である。閔妃は舅《しゅうと》である大院君と政治抗争を繰り広げたが、朴大統領の敵は閔妃と違って一人だけではない。国内には反韓・反日・反米・親北の野党を抱え、北朝鮮には恫喝を続ける金王朝が存在している。

政権交替したばかりの北朝鮮では、核実験を成功させて日本や韓国への優位を築きたいという目論見がある。

中韓で反日が加速し、世界が日中・日韓関係に注目している現状は、北朝鮮にとって願ってもない時間稼ぎになっている。得意になって反日を触れ回っている朴大統領は、目前の敵の存在に気づいていないのだろうか。

七重の重荷にあえぎながら、すでに難破しつつある韓国をどう舵取りしていくのか。思いやりある日本人としては、安倍外交を「反韓」と批判するより、まずこの隣国にもっと苦言を呈する必要がある。

韓国人に「正しい歴史認識」はできない

朴大統領は日本に「正しい歴史認識」を突きつけ、「支配と被支配の歴史」「恨を千年忘れない」などと怨言している。

「韓国には歴史がない」と断言したらもちろん韓国の国民が怒るだろう。「独自の歴史がない」と言い換えても同様だろう。

中国の史書には紀元前の半島に関し「箕子《きし》朝鮮」「衛氏朝鮮」「漢武帝の四郡」といった記述がある。その後は三韓時代や三国時代といった記録があり、日本との交流も古いものだ。戦後も『三国遺事』なる伝承や檀君開国の伝説などが史実として語られ、北朝鮮でも「檀君の墓が発見された、考古学上も歴史がないわけではない」といった反論が出されている。

しかし統一新羅から日清戦争に至るまで、半島で「易姓革命」によって生まれた政権はすべて、中華帝国歴代王朝の「千年属国」であり、中国史の一部かそのサブシステム程度の存在でしかなかった。国王の地位も国名も、みな中華王朝から下賜されたものである。最も独自性の濃かった高句麗朝の歴史でさえ、中国では「中国の一地方史」として扱われ、朝鮮国史としては許されていなかった。とはいえ、万里の長城以北の歴史を中国史とするのは「政治」であり、決して「歴史」ではない。

中国の「正史」において北東亜史が国史扱いされることはなく、史家にもほとんど注目されていないが、高句麗や渤海はやはり北東亜史の主役としてみるべきだろう。

北東亜史の研究に先鞭をつけたのは、戦前の日本の東洋学者であった。中国の御用学者は別として、中国歴代王朝の「正史」にも高句麗など北東亜史の一部を大陸ではなく東夷の歴史として満蒙か半島の歴史として扱うことこそ歴史の常識であることを認識するべきだろうと思う。

それを踏まえて「半島には歴史がない」と私が極言するのには、それなりの理由がある。

李朝時代の両班は読史読経に明け暮れていたものの、読むのはほとんど中国の史書や古典経書で、自国史があっても顧みようとしなかった。また実際、普及していたのは俗史や野史、伝承ばかりで、正史と呼ぶに値しない。ちなみに「歴史」という熟語は中韓ではなく、日本が創出した和製漢語である。

歴史を重視する割に、中華の国々は歴史にあまり興味を持たない。正史である『三国志』より通俗小説の『三国志演義』を好み、こちらを史実扱いしている。韓国人も実際の歴史より、創作された「偽史」が好きで、ポップカルチャーとして韓流のベストセラーとなるのはこうしたファンタジーなのだ。

どんな国や民族にも、正確かどうかはともかく歴史はあるものだ。もっとも、ヨーロッパのバスク人やジプシー（ロマ人）、中国の少数民族・土家族《トウチャ》などは、伝承程度のものはあってもはっきりした記録がないため「歴史のない民族」といわれる場合もある。

韓国もその意味で「歴史のない国家」といえるだろう。ずっと属国だったため自律した歴史がなく、その結果北朝鮮はチュチェ（主体）を強調しすぎて孤立してしまっている。

チュチェは北朝鮮の国是や国の魂のことである。自主自立を強調するために主体を強調し、他律的な従来の朝鮮ではないことを国の魂にしている。歴史観も、小中華を気取る李朝朝鮮よりも自主性の高い高麗朝をもちあげて述べることが多い。

韓国は朴大統領まで「世界一聡明なる民族のＤＮＡ」を自画自賛しており、プライドの高さだけは世界一だ。だからこそウリナラ自慢だけでは気が済まず、他人にも押し付けたがるのだろう。

中国の友人も「中国人は世界一聡明」と自画自賛したがる。そんな彼に、私はよく中国近代文学の父と呼ばれる魯迅の話をする。「漢字を使う限り、中国人は聡明にならない」と、「愚民とは中国の理想的人間像」と魯迅は嘆いているのだ。

従来韓国は「反日」から「克日」（日本をうわまわる）をめざしていたが、それはできなかった。そのため、「反日」を民力結集のテコとした。朴大統領は、反日に暴走しながら、いかに日本に克つかと模索しながら、独善なる「正しい歴史認識」を日本に押し付けてきた。しかも、告げ口外交で、欧米の外力をかりて日本に圧力をかけようとする。一方で日本に圧力をかける力のない東南アジアやアフリカの国々に対しては告げ口をしなかった。

北東亜の歴史から見て、韓国人は半島から一歩も出られず、とぐろを巻いている状態であった。歴史を振り返っても貢女や宦官、テロリストの物語しかないのは今まで見てきたとおりだ。だからこそハングル世代は捏造《ねつぞう》や創作に走るしかなく、歴史はファンタジーになってしまうのである。

李承晩《イスンマン》時代から60年以上もの間、国是としてそのファンタジーが喧伝されてきた結果、韓国人は「世界一聡明なる民族」の幻想をまとって悦に入ってきた。彼らにとっては万万歳だろうが、そのファンタジーを「正しい歴史認識」として押し付けられてはたまったものではない。

韓国が説く「正しい歴史認識」は歴史の真実とはかなり乖離《かいり》しているので、ただのファンタジーにすぎない。日本は多元的な価値を是認する国家であり、かりに日本国内に韓国から押し付けられた全体主義的な史説史観に同調、呼応する日本人がいるとしても、日本が、国として韓国の説く「正しい歴史認識」を容認していたら、憲法違反だけでなく、国家や文化の自殺と見るべきである。

中・韓の歴史ファンタジーに付き合うな

戦後すでに70年が経とうとしている。にもかかわらず、中国・韓国は80年代後半から唐突に、日本にいわゆる「正しい歴史認識」を突きつけ、反日のお題目を次々に押し出しており、今でもそれは激烈さを増す一方だ。

日本の一部の言論人や学者、野党政治家、特に反日メディアからは「中韓の主張に同調すべきだ」との唱和も少なくないが、いくら善隣（近隣諸国との関係を良好に保つこと）外交が大切で、日本が思いやりある国だからといっても、絶対に中韓の主張を聞き入れてはならない。理由は次の通りである。

①中国人・韓国人が嘘つきの民族であることは世界でよく知られている。中韓のいう「歴史」はほとんど創作そのもので、史実として検証に堪えるものではない。「南京大虐殺」も「三光作戦」も「強制連行」も「従軍慰安婦」も誰もが知るようになったヒット作ではあるかもしれないが、史実ではないのだ。

②政治的・外交的な配慮から相手の主張する「正しい歴史認識」を認知することになれば、禍根を残すだけではすまない。「村山史観」や「河野談話」がどれほどの禍根を残しただろうか。日本人にとってはほかならぬ「歴史の教訓」というべきものである。

③日本は神代から多元的な価値を容認する国家であり、今日でもそれに変わりはない。中華思想に基づく全体主義史観とは土壌が全く異なるのだ。いかなる理由があろうと、全体主義的な「正しい歴史認識」に理解を示すことは日本の憲法の精神に反するだけでな

く、文化・文明の自殺につながると知るべきである。

竹島・対馬は絶対に韓国領ではない

韓国は歴史がないからこそ、自らの解釈にあったように歴史を作り替えることができる。それにより日本は多大なる迷惑をこうむっているのだが、その一つが竹島、対馬の領土の主張であろう。

そもそも、領土意識という概念は、近代の国民国家の時代が生み出した歴史産物で、中世や古代は明確な領土範囲がなく、土地をめぐる争いはあってもそれは非常にアバウトなものであった。

領土も国境も近現代になってから徐々に確立されつつあるもので、「侵略とは」「固有領土とは」という概念の規定は、国際法的に今もなお確立していない。

そもそも、未だに国際法を認めるかどうかということすら、多くの問題が残されている。その問題の一例として挙げられるのが、竹島の領有地をめぐるものだ。現在韓国側は、竹島を実効支配し領有権を高らかに宣言しているにもかかわらず、国際法廷への提訴は同意を拒否している。

中国はもっと極端である。国際的な対話を反故するか、「革命外交」と称して、「不平等条約」だから国際法を拒否することをアヘン戦争以来くりかえしてきた。

ことに近年の主張はますます独善的になり、「国際法は西洋人が勝手に決めたものだから中国は絶対認めない」「中国はすでに強くなったから、これから世界は中国が決める」とまで言う一部の学者や文化人が出てくる始末だ。

世界史をひもとくと、近代以前の領土問題はたいてい力によって解決されている。マケドニアのアレキサンダー大王の遠征や大モンゴル帝国の領土拡大、ナポレオン戦争もそうだった。

江戸鎖国と同時代、清帝国やロシア帝国、アメリカ合衆国も領土を拡張していた。少なくとも日本は近現代にあっても神代からの伝統領土を守りつづけてきた国家で、明治憲法でさえ、領土範囲の規定文、新領土の編入などについては、明文化していない。

朝鮮は伝統的に、海の意識が欠如している半島国家であり、陸から離れたら、領土という観念は存在していなかった。統一新羅の時代から主権や島の領有権については、所有する意識さえ欠如している。19世紀末、イギリス海軍が朝鮮半島の南にある巨文島《コムンド》を占有した時も、朝鮮政府ではなく、清の駐英大使曽紀沢に占有の了承をもらったほどだ。

戦前まで領土所属はたいてい力、国力によって決められるが、戦後は国際法によって決められるというのが時代の流れとなっている。しかし、韓国や中国といった中華の国々はなおも力によって領土の所属を決めたいのだ。特に韓国は領土の観念に気付いた今、必死になって力ずくの手段に出ている。戦後日本の領土問題の存在はそこからスタートしている。

竹島をめぐる韓国の不法占拠は、韓国が国際法を無視して設定した李承晩ライン、日本漁船の拿捕、実効支配という既成事実化に始まる。竹島の強奪を永久化するために、嘘の教育と作られた歴史で固有領土観を国民に植えつけ、さらに対馬まで日本に奪われた韓国領土だとまったくなんの根拠もない主張で日本にゆすりたかりをかけ、竹島の領有を主張する。

竹島をめぐる事件を時系列に追い、韓国の強引な手段を紹介する。

①1952年、米軍占領下において、南北が分離し建国したばかりの韓国政府が李承晩ラインを一方的に宣言。竹島の領有権を主張した。

その背後には、サンフランシスコ講和条約にて、韓国の竹島領有の要求に対し、アメリカ政府が「竹島は日本の国有領土」という意向を示した経緯がある。李承晩ラインという一方的通告は、1965年に結ばれた「日韓基本条約」によって廃止となった。しかしその間、日本の漁船328隻が拿捕され、日本人44人死傷（うち5人が死亡）、3929人が抑留されている。

②1953年、竹島領有をめぐり、韓国は独島守備隊を送って駐屯させた。日本も海上保安庁と島根県が竹島調査を行い、「島根県隠岐郡五箇村《ごかむら》竹島」の領有標識を建てている。

③1954年には韓国の沿岸警備隊が竹島に領土標識を設置。沿岸警備隊を駐留させ、さらに1956年には欝陵島《ウルルンド》警察より警官8名を竹島に駐留させ、実効支配を強化、現在に至る。

④1997年に韓国は500トン級の船舶が利用できる湾岸施設を設置。1998年に有人灯台をつくり、2005年には欝陵島から観光船を出航させている。

⑤2005年、島根県議会が2月22日を「竹島の日」とする条例を可決すると、韓国も慶尚北道議会が10月を「独島の月」として日本との交流を制限する条例を制定し、領土紛争はエスカレートしていく。

⑥2012年、李明博大統領竹島上陸パフォーマンス。韓国はさらに列島は韓国固有領土と主張を強化。竹島の譲歩を狙う。

韓国が竹島（独島）を固有領土だとする歴史論拠については、以下に要約する。

①最古の主張としては、古代に于山国があり、512年には新羅に服属している。この于山国が欝陵島であり、竹島でもある。『世宗実録地理志』（1454）にも『三国史記』新羅本紀にもある。

②欝陵島、于山島は朝鮮古来の島である。17世紀末、朝鮮人の安龍福が日本に渡り、幕府に竹島について朝鮮のものだと認めさせている。林子平著『三国通覧図説』には欝陵島が朝鮮のものと書かれている。江戸幕府も竹島の韓国領を認めていた。

③『三国通覧図説』をはじめ、江戸時代に出版された書籍も竹島を韓国領として認めている。

④日本が竹島を島根県に編入していたのは1905年のことであり、その通告がなされたのは日本が日露戦争で韓国から外交、軍事権を奪った年であるので「侵略」である。日

本は編入の決定を韓国政府に通報しなかった。国際法上では、日本領土編入は無効である。

韓国の竹島（独島）の理不尽な主張に対し、日本の反論は以下に要約する。

①「欝陵島、于山島は朝鮮の固有領土である」という主張については欝陵島はともかく、古文書にある「于山島」というのは竹島のことではなく、欝陵島を示しているか、近くにある「竹嶼」のことである。現在の竹島とは明らかに位置が異なるので、まったく違う島のことである。

②安龍福は出自不明の人物であり、そもそも外交権をもたない人物である。もちろん安龍福の交渉相手とされる鳥取藩も日本の外交権を保有していない。

③1905年に日本は竹島を島根県に編入し、正式に通告している。なおかつ、17世紀の初め、すでに「松島」と称され、壱岐から欝陵島への航海拠点として、領有権を確立していた。1635（寛永12）年に鎖国令を発して日本人の海外渡航を禁止したが、その際にもそれらの島には渡航を禁止していない（国内と認識）。林子平の著書には欝陵島

が朝鮮のものと書かれているのみであって、竹島まで欝陵島と断言するのは誇大解釈。しかも、林子平個人の地理学的常識であって日本政府が竹島を韓国領だと認知していたとはできない。それはあくまでも個人の見解である。

④竹島領有の史実としては、島根県隠岐島民の中井養三郎が1904年9月29日に内務省、外務省、農商務省に「りやんこ島領土編入並ニ貸下願」を提出し、島根県隠岐司の所管とした。翌年5月17日には島根県、総反別23町3反3畝《せ ぶ》歩と官有地台帳に登録し官有地に編入している。

2012年のロンドンオリンピックのサッカーで韓国MFの朴鍾佑《パクチョンウ》選手が「独島は我らの地」というボードを掲げたパフォーマンスをしたように領土領有論拠に弱い韓国は、国際法より宣伝戦に力を入れ、全民運動として対内向け教育強化、対外的には「独島パフォーマンス」の強化に狂奔している。

韓国の「独島パフォーマンス」については、幼いころからのウリナラ「独島」教育をはじめ、「独島愛の汎国民運動本部」による内外に対する広報活動以外に、商品化もすすめている。たとえば「独島愛」の文字が刻まれたクッキーや「独島弁当」、「独島観光」も売り出し、金融、ＩＴ、通信、製造業界などあらゆる分野での新商品開発が続々と進み、業者もおおはしゃぎしている。韓流スターも李明博元大統領も踊らされ、この「独島愛パフォーマンス」に出演している。

韓国人にとっては「独島領有問題」は問答無用である。北朝鮮には「白頭山」という国のシンボルがあるが、韓国にはない。この「離島」を聖地化することによってナショナリズムを鼓舞し、国家意識を育てていくという狙いもあるのだ。

韓国がつくる「強請りたかり」のシナリオ

韓国人の反日は、日本を知っている「知日」世代よりも、まったく日本を知らないハングル世代の方がより激烈である。日本についてまったく知らないのだから、文字通り盲目的になるのは理解できるが、いくつかポイントを絞ってみると、よりその全体像が見えてくるように思う。

まず戦前の台湾総督府時代と朝鮮総督府時代を比べてみると、むしろ台湾は「難治の民」、朝鮮は逆に「順民」であった。それが戦後は逆転し、台湾は親日国家、韓国は反日国家へと変貌する。その経緯については拙著『韓国人の「反日」台湾人の「親日」』（光文

社　カッパ・ブックス）で詳しく解明している。

今までも見てきたとおり、韓国には目立った歴史はない。しかし教科書には史実かどうかは別として「半万年史」の歴史が記載されている。他律の「血史」「哀史」よりも「偽史」「小説」の方が話題になり、人気もあるのはいうまでもないだろう。「血史」「哀史」は暗い話になりがちである。「偽史」の方が物語として何度でも楽しめるため、民族のトラウマを癒したり、誇りを取り戻したりするには適している。だからこそ流行として「偽史」が氾濫しているのだ。

かつての両班階級は中国史ばかりを学び、自国史には一顧だにしなかった。その結果か、今日のハングル世代はほとんど自国史の真実を知らず、ウリナラ自慢に夢中になり、特に克日の物語に自尊心をくすぐられている。

ではこの独善的な「正しい歴史認識」なるものは、どのように創作されたのだろうか。韓国の反日歴史創作には、主に二つのパターンがある。

その一つは「事大型追随」、すなわち中国が問題にした「歴史」「靖国」の尻馬に乗って日韓問題化するような場合だが、これも創造性や独自性の欠如した「千年属国」（統一新羅朝以来、日清戦争に至るまで、1000年以上にもわたって中華帝国歴代王朝の属国であった）の国柄の投影と連想からくるものである。

もう一つは半島の風俗に基づいて創作する場合だ。「日帝36年の七奪（日本が朝鮮の国王、主権、土地、資源、国語、人命、姓名を奪った）」をはじめ、「強制連行」「従軍慰安婦」などは、ほとんど半島の文化や風習の自画像から作り出されたもので、そこにさらに反日日本人の誘導や教唆を得て、ゆすりたかりを働くのがお決まりになっている。

そもそも朝鮮・韓国が性奴隷国家だったことは、古代中国の正史『魏書』『周書』や韓国の風俗史、宗主国への朝貢からも明らかだ。半島はユーラシア大陸最大の軍妓、営妓、辺妓、また貢女や宦官の産地であった。

しかも長い間、原始奴隷社会のままでもあり、日韓合邦後に近代諸法によって奴婢解放が行われるまで、奴隷から生まれた子もやはり奴隷として主の両班によって売買されていた。今でも韓国は売春立国だが、そのあり方が日本にも投影されていることを知っておく必要がある。だからこそ日本も女性を奴隷のように扱ったとなる。

強制連行もやはり半島の国風（伝統文化・風習）であった。唐軍やモンゴル軍、満蒙八旗軍によって朝鮮の住民が北方に大量連行され、奴隷として市場に出された史実があるが、これは北東亜史において異例なことではない。

拉致や人さらいも、同じく半島の風習でもある。朝鮮戦争当時に北に連行された韓国人や、日本人拉致問題などはよく知られているが、今でも子供の誘拐が跡を絶たない。

とはいえ、すべてが「強制」だったわけでもなく、李朝時代から今日に至るまで半島からの脱出は続いており、逸民《いつみん》難民は半島の生態学的特徴でもある。朝鮮戦争後はそれが加速しており、いわゆる「脱北者」ばかりではない。朝鮮戦争後の祖国から大脱走する「脱南（韓）者」も、「漢江の奇跡」や「アジアの通貨危機」以後、年を追って急増している。難民流出先では半島民を「強制連行」するどころか「入国拒否・阻止」「強制送還」がむしろ主流だったのだ。

また朴大統領のいう「搾取と被搾取」「支配と被支配」の二元的な歴史観は、日本文化に存在しない。それは半島における「両班と奴婢」の関係が投影されたものにすぎないのだ。つまり、半万年続いた奴隷社会と、その制度化で育《はぐく》まれた風俗や文化が、そのまま日本に転嫁されたものなのである。日本には、韓国人が想像するような性奴隷や強制連行、「支配と被支配」などという「韓流」はなかったのだ。だからそのような歴史認識を学ぶ必要はなく、非難されるにもあたらない。

韓国の反日は、ほとんどが日本に対する無知から生まれた自分自身の自画像である。日韓を知るには、和俗和風と韓俗韓風を理解することが大事であり、それこそが真に「彼を知り己を知ること」でもあるのだ。

「千年の恨み」は中国に向けるべき

韓国は日本によく「歴史」についてうんぬん口を出してくるが、有史以来、韓国に果たして歴史があるのかと首をかしげる人は少なくない。正確に言えば、作られた歴史はあっても自ら作った歴史はない、となる。言い換えれば、外から振り回されての「抵抗の歴史」しかないのだ。たとえば、「1000回侵略され、すべて撃退した」というウリナラ自慢の歴史もその一例である。

文字がないなどの理由で、歴史の記録のない民族は他にも多々あるものの、神話や伝承、民俗といった形で何らかの痕跡はあるものだ。

ここで韓国の歴史の特徴を箇条書きにしてみる。

①人類史上類例のない性奴隷の歴史
②階級搾取と奴婢いじめの歴史

③朋党の争いと自民族虐殺・抗争の歴史
④中華帝国歴代王朝に対する1000年間の朝貢の歴史

韓国人はいつも他律的に動かされてきた民族であり、創造性はゼロに近い。自力で創造されたものはせいぜいハングルくらいで、ウリナラ自慢はほとんど空想にとどまっており、半島から輸出された文化はほとんどない。

自分の歴史がないからこそ「千年の恨み」を持つようになるのだ。「孔子は韓国人」「漢字は韓国人が作った」などと主張していても、誰にも認めてもらえるわけはなく、「韓国のいう歴史はファンタジーだ」とも言われている。

一時期の韓流ブームによって、韓国に対する日本人の好感度は飛躍的に高まっていた。美男美女のスター、ショッピングにグルメ、素朴な人々と治安の良さ、悠久の歴史、といった具合である。しかしその大半は虚飾とパクリでできた砂上の楼閣に過ぎず、メッキがはがれてきた今、韓流もすっかり魅力を失ってしまった。

韓流がブームだった頃、虚構ではあっても日本が見出してくれた理想像を自分のものにすることができれば、日韓のあり方は違ったものになっていただろう。そうした努力を放棄して、虚構の歴史と反日根性に支えられた本性を露呈させてしまったことが、韓国の失敗ではないだろうか。

通説としての「反日一般理論」の検証

「特亜」と称される中国・韓国・北朝鮮の3兄弟は、反日を国是国策として国づくりの基盤にしている。彼らは同じように「正しい歴史認識」を口実に「過去の一時期」を過剰に取り上げて政治問題化し、反省や謝罪、経済援助をも獲得しながら、「世界はすべて反日」「世界人類を代表して反日の先頭に立っている」と自任している。

この「特亜」3兄弟に反日日本人なる異母弟を加えた4兄弟が反日の中心である。では日本人がどうしてこれほど反日に固執するのだろうか。

戦後日本の左翼政党と左翼文化人が「世界革命、人類解放」の社会主義革命の潮流にのって、「日本民主主義人民共和国」の革命政権樹立をめざしたが、成功しなかった。成功したのは中国、北朝鮮、ベトナムなど儒教文明圏に止まった。

反日日本人は国づくり、というより政権奪取の革命に挫折し、その腹いせからか「なんにでも反対することこそ文化人のステータス」と思い込んでいる。日本における自分たちの無茶な革命の正当性を語るには、政府のなにもかもが悪いという口実が最低限必要である。特に自分こそ正義の味方と思い込んでいる反日日本人は実に始末が悪い。

かつて一世を風靡《ふうび》したフランスの実存主義哲学者・サルトルが「知識だけを持つのはテクノクラート（技術官僚）、政権に異議を申し立てるのが真の知識人」と位置付けたのを地で行っているといえるだろう。しかしこれは日米欧でしか通用しない知識人論であり、中国、北の朝鮮、南の韓国のように違う体制下で異議を申し立てればどうなるのか。それは反日3兄弟にもいえることである。

反日3兄弟は西洋型の知識人の存在を決して許さない。体制に異議でもあれば、すぐ韓奸や漢奸（売国奴）にされ、逮捕、投獄が待っている。人権どころではなく、生存権さえ許されていないのだ。現在獄中にいるノーベル平和賞受賞者の劉暁波もまさしくその一例ではないだろうか。北の朝鮮なら即銃殺、南の韓国ではすぐ殴り、殺さなくても、牢屋が待っている。

経済学に「経済原論」などの一般理論があるように、80年代からここ30年来の反日言行を分析すると、次の3項目に要約できる「反日原論」が出てくる。

【①外敵を創出する】

国内矛盾への不満を外敵に向けさせる。近代国民国家の国づくりの際は、たいてい共通の外敵を作り出してその脅威を強調することがある。それは黒船の時代の日米関係も同じで、日米戦争に至っては、その仮想の敵が真の敵「鬼畜米英」になったのだ。朝鮮戦争後の韓国は北の脅威から反北傾向にあったものの、盧武鉉大統領の代になって日米が仮想の敵としてクローズアップされてきたことはよく知られている。

【②近親憎悪が人間社会の原理】

人間関係には近親憎悪がつきものである。中国における「呉越の争い」は2000年以上続き、今でも上海（呉）と広東（越）の争いで継続している。近隣だからこそ利害関係も錯綜《さくそう》するのであり、「近隣友好」は例外なのだ。2000年以上前の『戦国策』や『史記』にある「遠交近攻」は今なお中国の国策の基本であり、中印、中ソ、中越（ベトナム）、果ては南シナ海や東シナ海をめぐる国家間紛争もその現実を物語っている。

戦後日本は憲法前文でも「平和を愛する諸国民の公正と信義に信頼して」と明文化し、「近隣諸国条項」まで定めているものの、無知としかいいようがない。大戦直後の国共内戦、朝鮮戦争、ベトナム戦争などの近隣諸国における自民族間の殺し合いは過去のことしても、今日の半島はなおも南北対立を続けている。この現実を見ても、近隣憎悪が歴史の原則であることは否定できない。

【③外敵よりも内敵の方が脅威】

近代以前の半島は、日韓合邦に至るまで民族主義より華夷意識（文明人としての中華と野蛮人の夷狄に二分する人間観・人種観）の強い地域だった。両班は朝鮮人でいるよりも大国人（中国人）になりたがり、なれなくても事大主義（強大国に仕え、追従する）を貫いてきた。李朝の国王の歴史的な記録書である『太宗実録』にも注意事項として「上国に仕えるには、慎まなければならない」と明記されている。民衆は外敵の侵入を歓迎し、倭寇の大半は実は「仮倭」だった。『世宗実録』（1446年の項）と判中枢院事の李順蒙によれば、倭寇の中の「倭人は一二人に過ぎず、それ以外の大半は倭服を仮着して党をなす高麗人であった」という。北方の胡人が半島に入ってくると北の豪族は競って土地を献上し、南を攻める先頭に立つのが半島の歴史的法則となっている。

北と南は同文・同種・同俗・同宗でありながら、むしろ敵対関係にある。李朝時代に、京城（ソウル）の人間は北の人間とは婚姻関係を結ぶことはおろか、代々往来することさえない天敵同士だった。外敵より内敵の方が現実的な脅威であり、それは近代に入っても同じである。

しかし近代におけるナショナリズムの目覚めの中で、華夷意識を民族意識まで成長させるためには、やはり外敵が必要になった。反日は戦後韓国人が新たに創出したイデオロギーであり、朝鮮戦争以降の韓国は反共と反日の中で揺れ動いている。反北か反日米中ロか、内外の敵をめぐって葛藤《かっとう》した結果、反日一本に絞ったのもその迷走の結果であった。「第二次大戦の元凶」というレッテルを貼られた日本なら悪役にしやすく、「もっと豊かになれるはずだったのに、日本の搾取のせいでそれが遅れた」「仲間内で足を引っ張り合うことなく、団結して日本帝国主義に勝った」とすれば、複雑な国内事情や党派争いを暴露するよりはるかに分かりやすく、人心も掌握しやすくなるのである。

おまけに中韓では教科書の編集権は党や国にあり、国家は教育を自由に操縦できる。こうして国策である反日は直ちに教育に反映され、捏造教育がまかり通るようになったのだ。

反面、日本にはこうした国家による思想統一がないものの、反日日本人が自由意志で団結して反日・反国家教育を推し進めてきた。こうして反日というアイデンティティと価値観との共有から、国外と国内で反日の戦友が手を結び合うという、世にもまれな珍現象が起きてしまったのである。

なぜハングル世代の反日は激烈なのか

反日の主役、ハングル世代の異常にして過激な自己主張と行動の理由はいったい何なのだろうか。祖先崇拝を宗《むね》として孝を万徳の大本にし、祖先を大事にするはずの韓国で、今高齢者は悲惨な運命をたどっている。「老人は早く死ね」といわんばかりで、高齢者の自殺率は世界一だ。

かつて「戦前の日本は韓国でよいこともした」と発言した日本の閣僚が辞任に追い込まれたが、同じことを口にした韓国の老人はハングル世代に殴殺され、犯人が「愛国無罪」という理由でネットで称賛を浴びる有様である。

三・一独立運動を語り草にする戦前派の韓国人もいるが、「日帝の時代」は反日よりも順日だった。朝鮮文化、朝鮮語の廃止までを主張する日本化運動組織で知られる緑旗連盟の旗振り役だった玄永燮《ヒョンヨンソプ》が朝鮮語全廃を唱え、朝鮮総督府がこれに反対したことさえあったのだ。

戦後のハングル世代は反日の教育・メディアに育てられ、反日一色に染まっている。このハングル世代と、漢字の繁体字（簡略化していない漢字。画数が多い）を知らない中国の簡体字世代は非常によく似ている。彼らは難しい漢字で記録されている歴史を知ることができず、新たな世代専用に創作された知識しか得られないのだ。

理由はそれだけではない。ハングル文字は構造的に科学性に欠け、分析能力や理性の育成に向いていない。知識の取得にはおのずと限界があるという韓国文人からの分析もある。漢語も科学性に欠け、理性の育成に向いていない。ハングルは漢字系の表音文字であるため、この「一蓮托生」とも言える関係にも納得がいく。言語、文字は文化から生まれ、文化を生むものだ。千年単位で考えるべきではないかと私はいつもそう考えている。

民族のものの見方や考え方は、その言語や文字、宗教などによってきわめて影響を受けやすく、制約も受けるのである。それでいてハングルは「世界で最も素晴らしく美しい、いかなる言語にも対応できる文字」というウリナラ自慢の筆頭であり、自画自賛が行きすぎた結果、韓国人は井の中の蛙になってしまっているのだ。韓語は1000年以上にもわたり、中華帝国歴代王朝に事大一心で自律性を失ってしまっており、ハングルという表音文字もただ方型の漢字の枠内で組み直すのみで、創出当時はただ諸文字のパクリという評価にとどまっていた。

尹泰林著『韓国人　その意識構造』で分析しているようにハングルは「理論的、科学的表現」に向かないだけでなく、客観的事実を直視する能力さえ失ってしまう。だから韓国人は「自己主義」に固執し、他人の意見に耳をかすことはほとんどない。

ハングルや日本語のひらがなは表音文字だが、表音文字の主流はローマ字である。私も小学生時代に教会ローマ字（ラテン文字）を学び、母とともに聖書を読んだり聖歌を歌ったりしていた。私は語学の専門家ではないが、台湾語の表記表音論争に悩まされている一人だ。日本語の声調（トーン）にアクセントのつくものと平声でただ二声、北京語は四声、台湾語は八声である。また北京語や韓国語には鼻のみの鼻音《びおん》はなく、巻舌音《まきじたおん》があるもののもちろん吸気音もない。同じ漢字文化圏といっても、発音の違いは非常に複雑で、違う言語で簡単に表記できるものではない。同じ漢語でも文法も語順も異なるものだ。

ある時、韓国人のハングル自慢に辟易《へきえき》した私は「日本語の50音中の『バビブベボ』をハングルで表現できるか」「いかなる言語も表音できるというなら、台湾語の鼻音と八声を表記してみろ」と返答したことがある。すると相手は途端にトーンダウンし、あいさつすらしてこなくなった。

言語の問題についてさらにいうと、戦後日本には多くのタブー用語が生まれ、言論人や文化人がこれに振り回されて表現力が低下、果ては文化の生命力を衰退させてしまっている。

私は60年代の後半から言論活動に携わっており、メディアの極端な自主規制やタブー用語を盾に文字表現の干渉も頻繁になる一方、魔女狩りのような戦後の言葉狩りは日教組が音頭を取って教育現場から行われ、人権活動家も熱心に言論チェックを行っており、今や全民運動にまで広がっている。

ことに人権活動家は差別用語をテレビや活字メディアに使用しないことが人権の尊重と保護とまで思い込んでいる。私からすれば屁理屈だとしか思えない。

私は和語・漢語双方を使い分ける両棲類的な文筆家であり、漢語にはタブーがないので何でも書けるが、日本語で書くとなると代用語を探さなければならない。「支那」は中国政府がタブー視するようGHQに通達し、日本政府がそれを教育・言論機関に通達して禁止させたことが分かっている。しかしそれ以外のタブー用語の根拠や提唱者については不明な点が少なくない。

韓国人は、日本人の韓国人名や地名の日本語読みをもちいることを禁じた。

その次は、「半島」や、「竹島」、「日本海」という用語の使用も禁止しようと狙っている。

一歩でも譲ったらキリがなくなる。

言葉狩りによって伝統文化まで消滅する恐れもある。たとえば「音痴」はタブーではないものの、「文盲」はタブーである。代用語として「識字率」などがよく用いられるものの、意味がまったく違う。

文字は表音文字と表意文字に分類されるが、漢字のような表意文字（表語文字ともいえる）は視覚文化に属する文字だ。字を目で見て知ることができないのが「文盲」なのであり、「識字」とはまったく次元が異なるのである。一方、かな文字は耳で聞いて知る表音文字であり、聞いて理解できなければ「音痴」といってよいかもしれない。

日本で1000年以上前に発明された漢字かな交じりの文章体系は、視覚と聴覚を習合させたものであり、交信の媒体ツールとして、古代日本人は現代のテレビ型の文化を編み出していたといえるだろう。私はこれを日本史上最大の発明の一つと考えている。

こうした発明こそ人類の文化・文明史上に特筆すべきものであり、日本人は独自の先進的・複合的創造力を再認識しなければならない。創造性のない漢字文明やハングル文明と比べれば、その違いは一目瞭然である。

ハングルに書きかえられた書物のみを読んでいるハングル世代は、過去の歴史記録を再検討する能力を漢字の廃止によってほとんど失ってしまっている。

いくら漢語の語彙を解体して、ハングルに読み直しても、語意だけでなくその概念も包括性も異なる。そして、ハングルの同音異義語の氾濫をもたらすため、ハングル世代は混乱してしまい、誤解と曲解が横行している。ハングルで書かれている歴史ファンタジーを「正しい歴史認識」と思い込んでしまうのだ。そして、「反日」イデオロギーに呪われ、政府にただ踊らされてしまうのである。

道徳的優位を確立できなかったゆえの反日

「日本人に漢字や文化を教えた」というのが韓国人のウリナラ自慢になっている。その論拠はせいぜい王仁《わに》博士の『三字経』などの伝来ぐらいの話だった。野蛮人の倭夷に文化で勝っているという自負があり、道徳的にも優れていると胸を張る人も少なくない。根拠はなくても「自分の方が上」という誇りがあり、中国は父、韓国は兄、日本は弟、というのがハングル世代の一般的な意識になっている。しかし、現実はまったく違う。「日帝」以前の清の属国時代の韓人は、ただ「事大一心」「衛正斥邪（儒教を尊び近代文明を否定する保守的思想）」で、もちろん両班以外には掠奪、搾取をしてあそんでいたのであった。

両班は絶対不動を宗とする高貴のステータスであり、他力・他動が誇りであり彼らの信条にもなっている。高宗がアメリカ領事館を訪ねたさい、館員がテニスに興じているのを見て「ああいうことをなぜ奴婢にやらせないのか」と言ったなかなか笑えないエピソードもある。

ことに日帝の時代に入ってからは文化・文明の優越意識が揺らぎ、それが中華思想の幻想にすぎないことを、反日運動の中でおのずと知るに至る。

これは半島だけのことではない。西風東漸（西洋文明伝来）・西力東来後は大中華も小中華も西洋の植民地に転落しなかったものの「やはり西洋にはかなわない」と悟るようになるのだ。しかし物質的にはかなわなくても「精神、特に道徳面では自分の方が上だ」という根拠なき自信は残っていた。そもそも李朝時代の両班は、大言壮語を吐くのが大好きであった。そして、その名残なのか、現実離れの理想や幻想にふけるのが三食よりも好きな大統領や政治家、学者もいる。

半島は戦後、南北の殺し合い、家族の離散に加え、政治・経済・社会に不正と腐敗があふれ、詐欺や犯罪が日常化し、小学生から老人に至るまで不信と裏切りがはびこっているのだ。こうした道徳面の劣化は、数字の上からもはっきり見て取れる。２００４年５月の電気料金未払いは89万世帯、水道料金滞納は14万世帯。『世界主要国価値観データブック』（同友館）にある2005〜2006年の調査によると「無資格での年金要求」が48・5％、交通機関の料金をごまかす人が39・4％とある。あまり罪の意識もなく、社会道徳の欠如を物語っている。

サムスングループの李健熙《イゴンヒ》会長や、ヒュンダイ自動車グループの鄭夢九《チョンモング》会長など、韓国経済界を代表する会社のトップは、軒並み、不正蓄財や脱税、収賄などで起訴されている。

歴代の大統領でさえ、権力の座から降りると、収賄などで逮捕されるというのが韓国政財界では当たり前の物語となっている。また給食費を払えない「欠食生徒」はソウルだけで7万人を超えたという報告がある。

政治経済にとどまらず、社会や文化の面でも、やはり日本の方が断然優れている。いかに「倭色（日本）文化汚染」を拒否しようと、外華内貧の現実は変わらず、「克日」も口先だけにすぎない。全ての国民が虚飾的でみえっぱりである。しかし中身がないので、「外華内貧」とまで言われるのだろう。

それでいて、韓国で女児がレイプされる事件が起こると「日本の児童ポルノの悪影響」という声が出てくる。そのせいか、東南アジア諸国は日本人に「勤勉」「礼儀正しい」といったイメージを抱いているのに対し、韓国人は「ずる賢い」「残忍」といったイメージを抱いている。しかし韓国人の方が虚言好きで、発作的に暴力に走る傾向がある。「優越感」をもつ文化、道徳先進国であるべき自分たちの一番醜い部分を「劣等国」の倭奴日本に投影しているにすぎない。

善悪を超越する日本人の道徳性は日本文化の申し子でもあり、国民性そのものが道徳を備えているため、儒教道徳の「勧善懲悪」はまったく必要ない。中華の国々は、その社会や文化の仕組み上、永遠に日本人以上の道徳性を確立することはできないのだ。そのことについては拙著『日本人の道徳力』(扶桑社)で詳しく書いている。

韓国人の反日は、道徳的な劣勢を挽回できず、克日が不可能であることからくるあがきでもあるのだ。こうした精神的苦悩というメンタリティが日本叩きにつながっていることは、もっと知られてもいいことだろう。

同じことは中国にもいえる。大戦において中国は戦勝国、日本は敗戦国であり、中国の常識でいえば当然、日本は中国の属国になるはずだった。しかし日本は中国ではなくアメリカに負けたのであり、中国は結果として戦勝国になっただけである。

戦後は米ソとの駆け引きの中で戦後賠償も取れず、しかも国共内戦や大躍進政策、文化大革命の影響で最貧国に転落した中国と比べ、日本は経済大国として世界に注目される存在となった。踏みにじるべき負け犬の日本に頭を踏まれ追い越された——その怨念が、反日の根幹にあることは否定できないのだ。トラウマの劣等感から生まれたうらみつらみの怨と恨との「妬みからの逆襲」ともいえる。

偉大な中華が野蛮な「小日本」に追い越され、優位を保つことができない。その焦りこそが大中華・小中華における反日の正体なのだ。ハングル世代の反日は教育とメディアに育てられたもので、ほとんど自制が利かない。その意味で、いっそ麻薬中毒者のようなものと考えるべきかもしれない。実際、彼らの日本叩きは支離滅裂である。

たとえば「日本がもっと早く降伏していれば、ソ連軍が半島に入ることはなかった。だから南北分断は日本の責任だ」という主張がある。朝鮮戦争が米ソの代理戦争だったことは否定できないが、それを日本のせいにするのはお門違いというものだろう。多くの朝鮮人の命を奪ったのは自国民同士の殺し合いであり、半島からすぐに手を引いた日本人ではない。他国のせいで分断されたというなら、明日にも統一すればいいだけの話である。

１９９４年に漢江の聖水大橋が崩落、１９９５年にはソウルで営業中のデパートが崩壊し、多数の死傷者を出す事件が起きた。その後の追跡調査で、全国の建物の98％に問題があるという結果が出たのだが、この時も韓国人は「日帝時代に技術を学ぶことができなかった」という説が出たことがある。しかし問題の根幹はどう見ても、韓国人の道徳性の欠如からくる手抜き工事だ。論理がめちゃくちゃでも、とにかく自分以外、特に日本に責任転嫁できればそれでいい、という性根は明らかなのである。そして、日本の取材に対して、「日帝36年で韓国からあれだけ奪っておいてまだ足りないのか、わざわざ人の不幸を冷やかしに来たのか」とイチャモンをつけるのだ。

韓国特有の発作的精神疾患「火病」

韓国人の反日パフォーマンスは実に過激だ。国旗や遺影を踏みにじったり、燃やしたり、歯を食いしばって噛んだりするのはまだ分かりやすいが、自分の全身をハチに刺させる、糞尿入りの瓶を投げる、自分の指を切り封筒に入れて抗議する、自分の家に放火するなど、誰が見ても異常というべきレベルに達している。ここまでパフォーマンスしないと、誰も見向きもしないので、余計に過激なパフォーマンスしながら、「オレはここまで怒ってるぞ」と演出する。

祖父の代以前のことでも、まるで現在進行中の出来事のように扱い過剰反応するのはどうにも理解できない。自分とはまったく関係ないはずの「歴史」という名の幻想に興奮し、奇矯な行動に走るのは、やはり病理学的にしか解明できないのであろう。現に「火病《ファビョン》」という病気として説明されることもある。私からみれば、これも「反日」による産物である。

支那から見た朝鮮人は東夷の「賤種」であり、朝鮮は天朝朝貢秩序体制の中でも下の下国扱いだった。琉球の使節は宮廷で馬に乗れても、李朝の使節は歩行しか許されなかったのだ。こうした外からの評価と韓国人の自己認識には、あまりにも大きなずれがあり、朴大統領も「世界一聡明なる民族のＤＮＡ」を自画自賛している。

このようなギャップは、フロイトの精神分析やユングの深層心理学の対象でもある。半島には、こうした自己評価と自己実現の格差からくる「恨」の文化があり、その結果として異常な行動に走ることになる。反日もその一つなのだ。

激情から残虐行為に走ることもある。李朝は本来明の属国だったが、いざ宗主国を清に乗り換えるや、朝鮮人は満蒙八旗軍も驚くような明人虐殺を行った。ベトナム戦争の際にも、史上初の海外遠征でベトコンを虐殺し、女性への暴行によって多くのライダイハン（韓国人との混血児）を残している。自国民を虫けらのように殺す大虐殺も少なくない。

では、韓国人の反日心理を理解することは可能だろうか。１０００年蓄積した鬱憤を解消させるには、どうしたらいいのだろう。

怨念のはけ口は日本だけではない。古代から続く朋党の争いもその一つで、特に南の韓国と北の朝鮮の分裂による南北問題が、ある程度は鬱憤晴らしになっている。「1000万人の離散家族の悲劇」を建前にしているものの、実際はうやむやにされた状態である。

南も北も政治的利用しか考えず、じっさいは「離散家族の悲劇」は我関せずといった状態で、本音は解決したくはない。解決したら、政治的な利用価値が消えてしまうからだ。口では「統一」としながらも、「心」ではしたくない。

鬱憤や鬱屈はどこの社会にもある。それを解消する社会の仕組みが異なっているといえるだろう。韓国において「恨」の文化、朴大統領のいう「千年の恨み」が渦巻いているのは、韓国人にとっても好ましい状況ではない。

ここ数百年来、多くの韓国人が続々と半島から脱出しているが、なおも「恨」の文化を捨て去らないのは、韓国人の我執ゆえであろう。「雀百まで踊りを忘れず」ということわざがある。韓国人も中国人も、祖国を棄てて「棄民」になっても、「反日」意識を棄てないのは、やはり中華思想としての優越意識を守りたいからだ。

ユダヤ人は世界各地に散らばっても、独自のユダヤ教によってユダヤ人であり続けている。しかし韓国人にはこうした根っこがない。自前のアイデンティティや宗教意識（韓国人の霊性とも）としてのソフトウェアは皆無とも言える。

華帝（中華帝国皇帝の属国支配）1000年の時代には「大国人」になりたがり、蒙帝（モンゴル人の大元帝国の統治）100年の時代には蒙古人の姓名を名のり、モンゴル服やモンゴル食は、韓国の文化・伝統となった。日帝36年の時代は順日が主流になるなど、確固たるオリジナルの国家としての魂がないのだ。

強硬な反日・反米派だった盧武鉉は「日帝強占下反民族行為真相糾明に関する特別法」「日帝侵略行為歪曲《わいきょく》および擁護防止法」などの法案を打ち出したが、その目的は自分の保身だった。つまり親日派だった朴正熙を糾弾することで、その娘で次期大統領候補だったハンナラ党代表（当時）の朴槿恵をつぶそうと図ったのだ。

実際、反日強硬姿勢によって盧武鉉は支持率回復に成功したとも言われている。今は朴槿恵本人が先頭にたって反日の旗振り役になっているが、その目的はやはり急落しつつある自分の支持率を回復させ、不満の矛先を外敵日本にそらすことである。

反日はレームダックの政権を一時的に回復させるカンフル剤のようなもので、人気が下がればこのカンフルを打つ、というのが手軽な対症療法になっている。しかしカンフルだけで病気が治るはずはなく、むしろ告げ口外交で諸外国の信用を失い、日本の対韓感情も悪化して経済が冷え込むなど、悪影響が出つつある。それでも濫用をやめられない、という点で、反日はカンフルというより麻薬というべきかもしれない。徹底的な検査なり手術なりを行って、経済や社会の病巣を突き止め、改善する以外に病からの本当の回復はあり得ないのだ。

　私から見れば、韓国人の反日は戦後の国是国策であり、ごく新しいイデオロギーや国づくりに必要なナショナリズムの代用品にすぎない。20世紀に一世を風靡した「世界革命、人類解放」がすでに消えてしまったように、作られた韓国人のイデオロギーも、政権の安定やマスメディアの動向、反日業者の収支決算関係、日本の対応によっても変化していくと考えられる。

　では韓国の激烈な反日のビヘイビアに対して、どう立ち向かえばよいのかについて、韓国の主張から、反日の現場、そして、反日の深層心理にそって、次章から詳細に取り上げ、詳しく語りたい。

第二章　「従軍慰安婦」と「強制連行」の嘘

日本人の税金を狙う「従軍慰安婦」

いわゆる「従軍慰安婦」とはなかったことを無理やりあったようにでっち上げているものので、日韓関係に潜む最も象徴的な問題である。第三者にとっては、韓国の国と国民の品格が赤裸々に表れてくる見本でもあるだろう。

対日だけでなく、対中、対台における韓国人の理不尽な態度は近隣諸国との付き合いの上でもいい教訓になる。従軍慰安婦問題は福沢諭吉の「亜細亜の悪友どもとの交遊謝絶」という主張を思い起こさせるが、実際こうした考えは広がりつつあるのだ。

従軍慰安婦問題は日韓基本条約後に出てきた新しい問題で、発端は吉田清治の著書『私の戦争犯罪』で、これを韓国と朝日新聞が後押ししたことはすでに知られている。

朝日新聞は1991年に吉田の著書に関して「済州島にて軍の協力により、慰安婦狩りを行い、1週間で205人の女性を強制連行した」という記事を掲載したが、後の追跡調査で捏造であることが発覚した。吉田本人も「あれはフィクションだ」と認めている。

それにしても、小林よしのり氏のマンガ『台湾論』が台湾で騒がれた際、日本の反日団体がこの本を「従軍慰安婦実在の証明」として台湾でメディアに提示していたのはつくづく不思議議であった。これも運動家たちの悪意と不誠実を物語るものだろう。

かんたんに、マンガ『台湾論』における騒動の内容を述べておくと、小林よしのり氏のマンガが台湾の前衛出版社で漢訳され出版されたことから話は始まる。台湾でヒットした話題本だが、反台湾派の国民党立法委員（国会議員）が従軍慰安婦の存在を否定するかのような表現に対して抗議した。しかし、台湾系国会議員が逆に国民党軍の「軍中楽園」（国民党軍従軍慰安婦施設）問題を提起し、政治問題へと発展した。結局、小林よしのり氏は台湾入国が禁止になったのだ。

戦前の日本軍には「従軍看護婦」「従軍記者」「従軍僧侶」はいても「従軍慰安婦」は存在しない。しかし新語創作の好きな反日運動家が「性奴隷」と喧伝し、さらに「日本はレイプ国家」「20世紀最大の人身売買」として北朝鮮の拉致問題にぶつけ、日本から金をせびる道具にしているのだ。反日業者がしつこく日本に噛みついてくるのも、政治資金問題が背景にある。

従軍慰安婦問題は日韓で最も新しく創作されたヒット作だが、これに限らず「中学教科書に載せるべき」という主張から「河野談話」「アメリカ国会による非難決議」「朴槿恵《パククネ》大統領の告げ口外交」「反日業者の暗躍」に至るまで、実に悪意に満ちたストーカー行為が続いている。

一時は「在日朝鮮人はみな強制連行の被害者とその子孫だ」とされ、強制連行された人数は200万人ともいわれていたが、やがて70万人という数字に落ち着いているようだ。著名な朝鮮史学者の説では120万人となっており、その根拠は「戦後の在日韓国・朝鮮人が120万人だったから」というものだ。

北朝鮮労働新聞では840万人が強制連行されたと主張しているが、終戦当時の朝鮮半島の人口は約2500万人である。全人口の3分の1を連行するのに人員や輸送手段がどれだけ必要か、またそれだけの人間を収容する土地や食糧はどうしたのか、考えても無意味なだけであろう。

連行されたのではなくても「日本人に土地を奪われ、満州や日本に流出するしかなかった」と主張する人はいる。また「在日朝鮮人の一世、二世、三世も強制連行された人たちであり、国家公務員資格や選挙権を与えるべきだ」という主張や運動もある。

しかし日韓基本条約が締結された1965年には、「強制連行」「従軍慰安婦」などはまったく問題にされていなかった。被害者がなぜか次々名乗り出て政治問題化されたのは1990年代以降のことである。

その背後には、韓国政府が直面する内外問題、日本国内の反日勢力、革命勢力の存在など、実にさまざまな要素が錯綜しているのだ。

祖父の代以前の「歴史小説」同然のものを道義の名において問題化し、執拗にゆすりたかりを続けてくるのも、ストーカー的行為と考えるとその本質を理解しやすくなる。

以前「台湾少年工の強制連行」が取り沙汰されたことがある。台湾人の子供たちが連れ去られ、飛行機の製造工場で死ぬまで働かされた、と韓国の有力紙が報じたのだ。

しかし彼らは強制的に連行されたのではなく、自分の意志で狭き門を突破してやってきた誇り高いエンジニアであった。

私はかつて少年工の一人に取材したことがある。彼によれば、国語、算数、理科の筆記試験にパスした後、身体検査にも合格した上で、校長先生と父兄のハンコを二つ採用用紙におしてからはじめて、海軍航空隊の戦闘機工場で働くことができたと誇りにしている。それでも「強制連行だ」と日本のメディアまで鬼の首でも取ったように猟奇的に報道される。なぜ日本のメディアはそこまで嘘をつくのかと理解できない。彼は抗議したいとまでいって怒っていた。

戦後、台湾の権益は中国人に独占され、最先端の技術者たちはほとんどそのハイテクを生かすことができなかったものの、彼らは戦闘機「隼《はやぶさ》」や「雷電」の製作に従事した自分たちの過去に誇りを持ち、今でも「高座会」という団体を作り、数千人の会員を有している。1994年には神奈川県大和市で大会が行われたが、2000人以上の会員が来日したために交通渋滞が起こったほどであった。

「強制連行」の報道が出た時も「会長が会員を引き連れて新聞社に抗議に行く」という話が出た。台湾人は厳しい試験を乗り越えてようやく来日しているのに、韓国人はどうして首に縄をつけるようにして連行されなければならなかったのか、つくづく不思議である。韓国人だけがそこまでしても連れて行きたいほど、偉大だったのかと頭をかしげてしまう。強制連行があったとする常識は、戦前の基準で考えると非常識なことなのだ。

罠にはめられた日本

従軍慰安婦問題が日韓で騒がれだしてから約20年、日本は完全に韓国の罠にはまってしまったといえるだろう。いくら「河野談話」が悪いとはいえ、やはり日本人にも責任はある。人が好すぎるからこそカモにされてしまうのだ。

日本人は頭がよく品格も優れているため、どこへ行っても好かれる反面、嫉妬もされやすくなる。特に戦後の日本人は、隣邦のことを知らなさすぎるのだ。

韓国の両班などは、朋党の争いの中で生き残るために権謀術数が渦巻く中でその腕を磨いてきた。真面目一辺倒で思いやりのある日本人など、すぐ現代の両班の罠にかかってしまう。それを止めれば大統領でも死刑になってしまう国であり、メンタリティが根底から違うのだ。

その結果が1993年の「河野談話」、正式には「慰安婦関係調査結果発表に関する河野内閣官房長官談話」である。「日本の官僚が慰安婦の存在を正式に認めた」として、韓国では今でも鬼の首を取ったように喧伝されている。

日本人の繊細にして緻密な性格は定評があるので、「慰安婦は確かに存在した」という以上、徹底調査したものと思われた。しかし最近、その内容が実に杜撰《ずさん》だったことが分かったのだ。

たとえば河野談話には「官憲等が直接これ（慰安所の設置や慰安婦の募集など）に加担したこともあったことが明らかになった」とある。確かにインドネシアで日本軍がオランダ人女性を強制的に慰安婦にしたのは事実だが、これは一部の軍人が軍本部の命令に反して行ったことであり、犯人は軍によって処罰され、賠償金も支払われている。日本軍のスキャンダルには違いないものの、軍が加担していないことの証明でもある。

しかも、官憲が組織的にかかわったとみられるのはこれ1件だけだ。半島だけで「20万人の従軍慰安婦がいた」とされているのに、それを裏付ける書類1枚残っていないのは不可解といわざるを得ない。

河野談話の1年前、加藤紘一官房長官がすでにこの問題を取り上げ、「朝鮮半島出身のいわゆる従軍慰安婦の方々が体験されたつらい苦しみを思うと、胸のつまる思いがする」「この事実を厳粛に受け止めたい」という「加藤談話」を発表している。さらに同年訪韓した宮沢喜一総理は盧泰愚《ノテウ》大統領との会談などで8回も「謝罪と反省」を口にしている。日本は韓国との関係の上からも、こうした流れを受けて慰安婦の存在を認めなければならない立場に追い込まれていた。こうして出されたのが「河野談話」である。

とはいえ、河野官房長官がまんまと罠にはまってしまったのは、政治家として実に不覚だといわざるを得ない。そもそも嘘に「誠」で対応すること自体が間違いなのだ。

ここ20年余りの「従軍慰安婦」に関する韓国のやり方は、いかなる国際法的な取り決めも無視して因縁をつけるという、明らかにストーカー的な行為である。「嫌がらせをすれば、日本などすぐ言いなりになる」となめられているのだ。

しかしそこには韓国の誤算もあった。

日本政府・軍部が韓国売春婦を、いわゆる従軍慰安婦を強制した事実を証明する証拠は何一つない。いくら韓国の活動家が「日本政府が煙滅し、焼却した」と言いふらしても「ないものはない」のである。

ないことを「ある」と言い張る慰安婦問題は日韓問題のみならず、朝日新聞やＮＨＫを中心とした日本人同士の問題、いわゆる日日問題にも発展しており、その方がより深刻になっている。

従軍慰安婦問題はある意味自業自得であり、日本人はもっと反省しなければならない。「河野談話」や宮沢総理の謝罪などを見ても、問題がどこにあるかは分かるはずだ。言い訳せずすぐ謝る日本人の美徳が裏目に出たといえるだろう。

国にほとんど誇りを持たない「地球人」「宇宙人」を代議士や国の代表にしてきた国民の存在も、問題の深刻さを浮き彫りにしている。国に誇りを取り戻すことが大きな課題であり、それが国民の意識の主流にのぼりつつある。

そのためにはまず戦後レジームの呪いから脱却しなければならない。そして、相手の嘘を真に受けるのは一種の堕落であり、罪であることを知るべきである。

戦後日本でも、密入国者の首位は常に韓国人・朝鮮人と中国人に占められており、彼らの起こす凶悪犯罪に政府も市民も悩まされている。

『2011年警察白書』によると、2011年の外国人犯罪は中国人39・3％、韓国人11・8％となっている。ちなみに侵入強盗は中国人58・4％、韓国人24・2％であり、8割を中韓が占めていることになる。

これは来日外国人の数字だが、在日外国人を含めると、2010年の外国人犯罪3万3883件のうち韓国・朝鮮人8706件、中国人8972件で、やはり半数以上を占めていることになる。こうした日本の犯罪被害者に対して、中国や韓国は「謝罪と反省」をしてくれるのだろうか。

「従軍慰安婦」の聖女像と蔣介石像から連想すること

ソウルの日本大使館前にある「従軍慰安婦」像の映像や写真を目にすると、多くの日本人は韓国人のゆすりたかりと嫌がらせの根性を改めて感じることだろう。私も同様だが、他に連想されるのは台湾の蔣介石像である。

台湾には戦後、マッカーサーの第1号指令によって蔣介石の国民党軍が進駐してきた。伝統ある地名や街路名は中国式に改められ、私の名前まで「日本的だから」という理由で強制的に改名させられたのだ。

さらに学校や病院、公私の建物、公園まで、どこに行っても蒋介石の像が置かれた。台湾は半身像や立像、座像など大小さまざまの像で埋め尽くされてしまったのだ。せいぜい九州ほどの面積しかない台湾には、平均1平方キロメートルに1体以上あるという。もしくはそれ以上の蒋介石像があると推定されている。

しかし蒋介石は1975年、毛沢東より1年早くあの世に逝ってしまった。長男の蒋経国総統も1988年に他界し、世は移り変わっている。

2000年代には陳水扁の民進党政権が生まれ、「蒋介石の銅像はロシアのレーニン像以上に民衆に不快感を与えるに違いない」と判断されるようになった。銅像の処分に困った結果、桃園《とうえん》に作られたのが銅像用の「慈湖紀念雕塑公園」だ。この公園を遊覧して、さまざまな形の銅像を目にした日本の友人の感想は「滑稽だがやはり気持ち悪い」というものであった。生前の功罪はともかく、同じ人間の像が何百、何千、何万も並んでいれば、異様に感じて当然である。

今、韓国政府は慰安婦問題の海外輸出に躍起になっているが、「韓国はないことを『ある』といって無理やり日本に押し付けている、嫌なものだ」という声は台湾でも高まっている。

たとえ、地球1周4万キロに4万体の「従軍慰安婦」聖女像を作ったところで、喜ぶのは反日業者だけであり、外国人にとってはまったく理解不能である。ここまで奇行に走るようであれば、仏教語でいう「自業自得」の結末も遠くないに違いない。

韓国は今、国内外に慰安婦像建設を推し進め、「アメリカから全世界へ広げていく」と公言している。この調子でいくと、数の上では安重根の銅像をもしのぐと考えられる。もっとも私のアメリカ人の知人は「あれは何だ? 興味ない」と一蹴していたのだが……。

それにしてもどうして、韓国のいう「性奴隷」にここまでファンがつくのだろうか。そんな猟奇的な趣味を持つ人間はそれほど多くないだろう。だからこそ韓国の反日業者は「世界の人々はもっと関心を持つべきだ」と主張している。「韓国の常識は世界の常識」だから、いかにも韓国人らしいといえるのではないだろうか。

売春立国に悩む韓国の裏事情

売春は人類最古の職業といわれており、韓国・朝鮮や中国も例外ではない。歴史とともに古い、というより歴史よりも古いというべきだろう。西洋の売春史や中国の娼妓史に関する研究もあるが、朝鮮売春史はあまり知られていないようだ。

朝鮮では自国史を中国史の一部と考える傾向があり、民族史にはあまり関心はない。両班が学ぶのもほとんど中国史であった。王朝が変わるたびに先代の資料がすべて焼き捨てられていたこともあって、韓国人は自国史を知らないのである。だから「正しい歴史認識」などできないといっても過言ではないだろう。

中国では3000年前から公娼・私娼があり、公娼は「徳政」とも評価されていた。韓国は「朝鮮のキーセン（妓生）制度は売春とまったく違う」「日本の芸者のような踊り子や楽師であって、売春婦ではない」と主張しているが、真っ赤な嘘だ。詩や音楽に長《た》けた妓生もいたものの、貴族や文人を客に持つためには教養が必要だったからだ。江陵妓生の歌舞、義州妓生の剣舞、済州島妓生の馬術、のように、妓生が地域ごとの技能を売りにしていたほどだ。日本の花魁《おいらん》も同じで、あらゆる教養や芸事を身につけていなければ遊女のトップに立つことはできなかった。

戦争中、日本兵を客とする韓国人の売春婦が存在したことは事実である。戦地や兵隊にとって、売春婦はついてまわるような存在であり、日本も例外ではなかったのだ。しかしそれは犯罪行為とはいえず、国家が積極的に運営に携わっていない以上、国家犯罪とも呼べない。

日本政府は戦地での買春の営業に反対はしなかったものの、軍や政府が慰安所を運営するなど直接「関与」した事実はなく、その証拠や資料も一切ない。日本人はもちろん韓国人の慰安婦も存在したであろうが、関与していない国が謝罪や賠償などする必要はないのだ。

中でも馬鹿馬鹿しいのは「従軍慰安婦は20万人で、うち朝鮮人が18万人だった」という主張である。数字を出せば信憑性《しんぴょうせい》が増すと考えているのだろうか、大東亜戦争で海外出兵していた日本軍は200万人である。もちろん、南京戦線以外に中国や満州方面軍を入れるともっと数が多い。10人に一人の割合で非戦闘員を抱えて、戦争などできるはずがない。

朝鮮戦争後の韓国も、建国以来ずっと売春立国であった。朴正熙《パクチヨンヒ》時代の「漢江の奇跡」は日本の財的・人的・技術的支援に支えられていたが、朴《パク》大統領は公娼制度を一時的に採用しており、1970年代には、半島の統一勢力と手を結んだ日本の文化人がこの「国家管理売春」「売春立国」を糾弾し、日本人男性のキーセン観光が槍玉にあげられた。

日本の「進歩的」な女性たちは「朝鮮は地上の楽園」と礼賛する一方、朴大統領の「売春立国」ぶりを叩き、「日本人男性によるキーセン買春旅行」を批判した。女性たちによる近年の韓流ブームとは隔世の感がある。

観光資源の少ない韓国では、38度線以外の売り物の一つが一流ホテルでの売春である。海外進出も中国人売春婦と並んで世界トップ、日本でも約5万人と推定されている。そのうち売春婦の世界進出まで「強制連行だ」と主張される可能性は捨てきれない。

他にも韓国軍相手の「従軍慰安婦」や、駐韓米兵相手の遊興施設「ウォーカーヒル」のような公然売春も存在している。これらの現状を無視して、なぜ何十年も前の日本人相手のいわゆる「従軍慰安婦」にばかり同情したがるのだろうか。

韓国は90年代以後にOECDに加入したものの、二つの国内問題に悩み続けている。まず一つは、日本の公娼制度廃止を真似たくても、建前と本音が乖離《かいり》したお国柄上、娼妓は床屋をはじめとするあらゆる企業に潜り込んでしまう。逆に私娼がはびこるばかりでなく、風俗業をめぐる犯罪が社会問題にもなりつつあるのだ。２０１２年に韓国の風俗店で働く女性の数は約27万人だ（朝鮮日報）という。また別の統計では、売春婦は１８９万人という数字（韓国経済新聞２０１１年12月９日付）もある。15歳から64歳の女性の人口で計算すると、少なくとも風俗嬢は人口の９人に１人という統計もある。

もう一つは、婦女暴行も深刻な問題になっていることである。強姦事件の発生件数は日本の40倍以上、児童を狙った性犯罪も2007年から4年の間に倍増、という深刻さで、欧米政府は韓国旅行する女性に注意を呼びかけている。

社会主義を建前とする中国は「娼婦は存在しない」と公言しているものの、実際は3000万人の売春婦がいる世界最大の売春大国であり、韓国人娼婦と世界市場を争っている。韓国政府はこの売春問題をめぐるジレンマを脱出するため、大昔の「従軍慰安婦」問題を引っ張り出さざるを得なくなっているのだ。

大中華と小中華の人間観は宗属関係によって決定づけられるため、朝鮮人の歪《ゆが》んだ自尊心もそこから育まれる。それに対してはフロイトの精神分析やユングの深層心理、仏教の阿頼耶識《あらやしき》（心の深層意識）の観点から解明されなければならないだろう。

韓国人が「従軍慰安婦」に取りつかれる深層心理

ものの見方や考え方は、文化・文明の相違によって違ってくる。ことに日韓の場合、言語や宗教、歴史の影響がきわめて強い。もっとも、韓国人・朝鮮人に限らず、儒教思想の影響が強い国は考えていること、口にしていること、やっていることがすべて異なっていても、それが当然であって矛盾など感じていない。

一方の日本人は、神代の時代から「純」「誠」をモットーとしてきた。仏教伝来後、それらはますます日本人のエートス（社会的風習・意識）として定着するようになる。根底にあるのは、儒教国家と仏教国家の違いなのだろう。

儒教国家の人間が本音と建前の乖離を避けられないのは、道徳の押し付けではあるべき良心を育てられず、独善者や偽善者しか生み出せないからだ。以前に拙著『儒禍』（台湾・前衛出版社）で、東西洋の哲学や思想を通して徹底解明を試みたことがある。

これは私の独創ではなく、江戸時代の国学者によって「漢意唐心」と「和魂和心」の違いとして説明されている。

「食色性也」（食欲と色欲は人間の性《さが》である）」のような言葉は紀元前から多くの儒学者や道学者の口の端《は》にのぼっていたものの、その「性也」の理由について解明しようとした学者はほとんどいなかった。欲望こそ人間の性、としながら「礼」を最高規範にするところにも、建前重視の儒教の性質が見て取れる。

半島の人間が完全に小中華になったのは、高麗朝が李朝に簒奪されてからのことである。その結果両班階級だけでなく、常民や奴婢までが朱子学の独善に染まってしまったのだ。信仰の対象は仏でなく、明の皇帝、『三国志演義』の関羽や張飛、『西遊記』の孫悟空などへと変わっていった。近代の列強の時代になっても「衛正斥邪」によって思想が硬化し、時代や世界を見る目を完全に失ってしまったのだ。

古代朝鮮の「性」について、中国の古典には「高句麗時代の風俗は荒淫で恥もない、高句麗人の女遊びの相手は一人とは限らず、乱交風俗である」という記述がある。とはいえ、これはあくまで儒教国家の独断的価値基準によるものだ。古代インドでは、巫妓は神と人を結ぶ霊媒であり、地位は国王より上であった。巫妓の娘と国王の結婚話に、巫妓の母が反対する逸話も残っている。アジア全域の古代文化の基層はシャーマニズムであり、古朝鮮の巫妓が性を司っていたことは、儒学者の目には「淫乱」と映ったのであろう。道学者の理想は「君子」であり、「偽君子（偽善者）」でも君子のうちなのだ。

記録の乏しい古朝鮮の巫娼などを抜きにしても、朝鮮の娼妓の実態はどのようなものだったのか。ここで朝鮮の「性奴隷」について若干触れてみたいと思う。

貴族文化が花開いた中国の唐王朝は、宮妓（宮廷慰安婦）の隆盛期でもあった。楊貴妃との恋で有名な玄宗皇帝の時代、宮妓は4万人に達したという。地方の官妓（営妓を含む）がその次で、市妓はそれほど多くなかった。

しかし次の宋は世俗化した大衆社会で、科挙によって選ばれた官僚が多く政界に進出するようになった。貴族階層の没落につれて宮妓も減り、代わりに市妓が盛んになる。さらに商品経済の発達によって、北宋・南宋の都には妓楼が乱立、地方の官妓も商品化され、娼妓を売買する業者が出現するようになった。

中華の属国だった朝鮮は、アジア最大の貢女の産地でもあった。中華帝国へ捧げる主要貢物は、牛馬や金銀、宦官、貢女だったのだ。統一新羅の時代から李朝朝鮮に至るまで、宗主国には貢女が進貢されている。

唐文化の影響が朝鮮に入ってからは、古代からの巫娼は姿を消し、舞楽の教養を持った宮妓や官妓が登場するようになった。新羅の海賊が朝鮮半島からさらった人間を唐に売っていた、という記録も残っている。こうして連行された多くが婦女子であり、その多くが奴婢かあるいは官妓や営妓、私妓として売られていったことは間違いないだろう。

そのような時代を一変させたのが、モンゴル人帝国・元の進出である。軍妓（従軍慰安婦）の急増が、社会風俗を一変させたのだ。

高麗が元に服属した後の1274年、元は朝鮮に「蛮子軍《マンツ》」（南宋漢人投降部隊）を派遣し、高麗の婦女140人を要求している。これに対し高麗政府は「結婚都監」を設けて「独女、逆賊之妻、僧人之女」をかき集め、女性たちは一人当たり絹12匹の化粧代で、元へと売られていった。

貢女の宗主国への献上にとどまらず、李朝時代の末期になると、朝鮮半島はアジア最大の売春婦の輸出国となり、女衒《ぜげん》が暗躍した。戦後は売春立国となり、売春がエートスとして定着していくのである。

慰安婦を輸出してきた千年属国

朝鮮半島はきわめて自閉的・原始的な自給自足の村社会によって構成されていたため、人流も物流もあまり発達しなかった。市場もほとんどなく、物流はせいぜい褓負商《ポブソム》（行商人）くらいであった。輪を曲げる技術すらないので、馬による車両輸送もなかったのだ。そのため「古代のマヤ文明に近い社会だった」といわれている。

人流も高麗海賊や宗主国からの勅使、または強制連行される人々くらいで、それ以外には政府の行う朝貢使（日本へは朝鮮通信使）程度であった。朝鮮半島が1000年前の統一新羅時代から近代に至るまで「東洋の秘境」とされる1000年鎖国状態だった理由は、こうした視点から見ると理解しやすいのではないだろうか。

宗主国としての歴代中華王朝に捧げる朝貢品は、もっぱら物ではなく人だった。記録によく出てくるのが貢女と宦官である。貢女を現代語でいうなら「宮廷慰安婦」だ。それ以外にも、辺妓や軍妓のような「従軍慰安婦」が存在していた。朝鮮の名物は朝鮮人参と貢女であり、朝鮮はアジア最大の貢女産地として知られていたのである。

歴代宗主国の中でも特に元の基準は厳しく、献上には処女が要求された。その実態は『高麗史』『稼亭集』や墓誌に詳しく残っている。

元の時代の娼妓の多くは、このように朝鮮半島や中国江南から献上されるか、強制連行されたものと考えられる。半島だけでなく、モンゴルに支配された中央アジア諸国では、こぞって美女や名馬を献上していた。朝鮮女性における早婚の習俗はモンゴル人支配によるものだ、と分析されているほどだ。韓祐欣の『韓国通史』をはじめ、韓国人学者も貢女の事実は認めている。元の皇帝をはじめ、権臣高官が競って高麗女性を側室にした結果、都の服飾文化が一変したほどである。

さらに高麗朝や李朝には、貢女や軍妓を管理する「結婚都監」「寡婦処女推考別監」といった政府機構があった。1400人の蛮子軍が駐屯し、政府は再び「寡婦処女推考別監」を設けて女性を探し求めた、という記録がある。

担当官吏は色吏（女色統轄官）や採青女吏と称され、軍妓や営妓の売却記録も残っている。明・清王朝交代期における清の有力者への慰安婦供出については、李光濤の『多爾袞《ドルゴン》徴女朝鮮史事』に詳しく書かれている。

明や清の時代も、献上される侍女や貢女は美女かつ処女であることが原則で、身分も両班の娘、または両班の妾が望ましいとされた。普通の娼妓（遊女）を貢女に差し出す疑いがあれば、座首（監督官）や色吏らによって厳しくチェックされ、不正を働いた役人は厳罰に処された。

女性ばかりでなく、元や明の宮廷に仕える宦官の多くは朝鮮人であった。後宮の女性たちはみな皇帝のものであり、健常な男性が近づくことは許されない。宦官として男性の機能を失った者だけが、宮廷に奉仕することができたのだ。

14世紀後半の恭譲王《コンヤン》（高麗の第34代国王、李成桂《イソンゲ》に位を奪われ殺される）の時代には、1回に200人の宦官が要求されたほどである。宗主国の勅使となった朝鮮人宦官が、その地位を利用して国王に圧力をかけ、賄賂や一族の出世を要求することさえあった。

『明実録』にある1409年の記録によると、明の永楽帝時代に内使の黄儼《こうげん》が勅使として派遣され、直接美女を選んだ。そこで朝鮮政府は、あわてて全国で結婚を禁じ、13歳から25歳までの処女200～300人を各地から集めて王宮内の景福宮《キョンボククン》で選別し、5名の美女を選んだという。

こうして選ばれたのが権賢妃である。永楽帝に寵愛された彼女は帝の北伐に同行したものの、凱旋の途上で急死した。他の朝鮮貢女に毒殺されたとの説もあるが、真相は定かではない。しかしこの事件によって朝鮮貢女はほとんど虐殺され、連座した後宮関係者は2800人にのぼった。貢女から妃の座に上りつめた権賢妃は朝鮮人の憧れで、「賢妃」は理想の女性を表した名前でもある。今でもその名前を名乗る半島の女性は多い。

李朝時代における台湾との最初の人的交流は、台湾北部炭坑の朝鮮人娼妓であった。戦前において、支那商人に売られてくる娼妓のほとんどが朝鮮人だったのだ。もちろん強制連行ではなく、父母の手で売られ、女衒にあたる支那商人に買われてきたのだ。子女を売るのは古来朝鮮の風習だが、奴婢から生まれた者はたいてい所有者の私産扱いであった。

女子の売値は、飢饉の時は一人当たり米半升という記録がある。日韓合邦後も約30円、一般公務員の給料2カ月分だった。

朝鮮総督府は四民平等の近代法に基づき、子女売買や墳地争奪、非人道的刑罰といった古来の陋習《ろうしゅう》を禁止したものの、強い抵抗を受けた。中でも、売春の横行は今も続いている。

最近、韓国の反日業者と運動家たちは、従軍慰安婦を人類の記憶遺産として、ユネスコに登録すると公言している。上古以来の代表的な性奴隷国家としての朝鮮名物を、万が一にも記憶遺産として登録したとすれば、世界中の人たちの多くがユネスコの定義に違和感を覚えるにちがいない。ましてや従軍慰安婦とは正体不明なファンタジーであり、韓国が被害者として「他律性」を証明されるものである。文化としての創造的価値など一つもない。「世界一聡明なる民族のＤＮＡ」をもつと自画自賛する韓国人はいったい何を考えているのだろうか。とても理解できない。

「強制連行」ではなく「渡航阻止」こそ歴史の真実

韓国・朝鮮政府は一時、「日本による強制連行」を大々的に売り出していた。「在日朝鮮・韓国人は強制連行の被害者の子孫たちだ」という説もあり、北朝鮮が「８００万人以上」と主張したことさえある。

実に矛盾しているのは、「日本人の99％は半島から流れてきた食いはぐれ」だといいながら、「日韓同祖論・日鮮同祖論は日本による朝鮮侵略の陰謀」としていることだ。日本人の大多数が朝鮮半島から来たというなら、朝鮮人こそ日本人の祖先であり、すなわち同祖ということになる。

強制連行説は最近人気がないが、これは「史実とは違う」という反論が広く認知されるようになったからではない。韓国人相手には「妄言」と一蹴すればそれで済むのだ。

韓国国内では人さらいや子供の誘拐が深刻になり、さらに金大中《キムデジュン》の強制連行や北朝鮮の拉致問題、朝鮮戦争時の強制連行なども広く知られるようになった。強制連行はもはや朝鮮の伝統文化ともいえるが、その一方で半島から脱出する朝鮮・韓国人も跡を絶たず、このままでは半島が空っぽになる恐れもある。強制連行が当たり前の半島だからこそ「日帝の悪行」にも説得力があるが、実情とは真逆であり、なかなかヒットには至らない。

半島では、唐軍やモンゴル軍、満蒙八旗軍による強制連行が昔から存在しており、多くの記録に残っている。高句麗の滅亡後、唐、元、清の満蒙八旗軍による朝鮮人連行はたびたび繰り返されてきた。1636年の丙子胡乱《へいしこらん》の際は50万〜60万人、朝鮮の史書によれば人口の半数が北に連れ去られたという。数百人の朝鮮人を二人の胡人（満州人かモンゴル人）が追い立て、まるで羊の群れを牧童が追っているようだった、という記録も残っている。

朝鮮戦争でも、韓国人が数十万人単位で北朝鮮に連行されている。また1973年には、後に大統領となる金大中が東京からＫＣＩＡ（韓国中央情報部）の手で韓国に拉致される事件まで起こっている。今でも解決していない北朝鮮の拉致問題など、人さらいは半島のお家芸のようなものだ。

しかし「日本による強制連行」は捏造である。むしろ逆で、朝鮮人の半島脱出は李朝時代からあり、その行先はロシアや満州だった。清やロシア政府が朝鮮政府に対処を要求している。満州は清の発祥の地として封禁扱いであったが、朝鮮農民による密猟や密墾に絶えず悩まされていた。ロシアコサック兵士が当時よく白鳥狩りをしたそうだが、それは実はシベリア密行した白衣を着た朝鮮人狩りだったとも言われている。満州国時代に入ると、漢人と韓人による移民競争が発生し、対立が激突に発展するようになった。

一方で日本にやってくる朝鮮人も多く、怒濤のように押し寄せる朝鮮人渡航を阻止するのに日本は手を焼き、朝鮮総督府と政策を協議して万策を尽くした。濁音の発音が苦手な朝鮮人を見分けるため、「バ」を「パ」と発音する乗客は釜山港で乗船を拒否するという強硬手段までとられた。朝鮮人側も抗議の市民集会を開いて「入国阻止には法的根拠がない」と抗議した。このような状態だったので、「強制連行」の事実などあり得ない。

1924年には釜山で、渡日制限撤廃を訴える5万人規模の市民集会が開かれ、朝鮮労農総同盟と朝鮮青年総同盟が内務省と総督府に抗議している。内地では対策として、

1928年から水上警察を動員、出発港と末端警察機関で二重の渡日取締りを実行した。それでも在日朝鮮人の数は、1925年には13万人、1933年には46万人と、8年間で4倍近くに急増している。

朝鮮の済州島と大阪を結ぶ貨客船「君が代丸」は、定員の倍近い出稼ぎ労働者でいつも満員であった。それでも運賃を節約するため、済州島の住民が「蛟龍丸」「伏木丸」といった貨客船を借りたり買いあげたりして、自ら航路を運用していた。つまり「強制連行」どころか「入国阻止」に必死な状態であって、連行などしなくても韓国人労働者はありあまっていたのである。

日中戦争開戦後の1938年、戦争のための国家総動員法、翌年には国民徴用令が施行されているが、内地の日本人が対象で、朝鮮には適用されなかった。内地企業が「統制募集」の名で朝鮮人労働者を募集できるようになるのは後のことである。

それでも「内鮮一体」のスローガンの下、渡日取締り撤廃と規制緩和を求める声は高まり、1934〜37年の渡日者は10万人を突破した。渡日規制は台湾ではうまくいったものの、朝鮮では緩和せざるを得ない状態だったのだ。

ここ数百年来、朝鮮・韓国人は半島の阿鼻叫喚地獄から脱走しつづけ、今でも欧米をめざしつづけている。日本に密入国したのは総称して「強制連行」という。

半島大脱走は、一つの生態学的現象として今も続いている。

生態学的現象とは、数百年来の中国大陸と朝鮮半島の人物の変化である。中国は北方民族の圧力で、南へ南へと追い詰められ、改革開放後は年間約300万人が祖国から大脱走を続けている。ことに近年では「裸官」現象（中国で不正にお金をためて、資産と妻子を先進国に移しておき、折を見て脱走する）が話題となっている。

朝鮮半島では李朝末期の経済、社会情勢の変化によって半島からの大脱走が加速。朝鮮戦争後にも韓国の祖国大脱走が行われた。そして90年代末のアジア通貨危機のあと、国内環境の悪化と企業の倒産によって、「脱韓」「脱南者」は増え続け、新両班といわれるお金のある企業貴族が、家族だけを海外へ移住させるという裸官と同じような現象もおきている。OECDの加盟国として、どうしても首をかしげざるをえないのは、今でも「世界に冠たる養子輸出大国」であることだ。朝鮮戦争から2007年までの累計では16万人にものぼる（中央日報07年12月20日付）。半島は生態学的に「脱北」「脱南」の祖国大脱走だけでなく、売春立国とともに人口輸出立国でもある。

第三章　恨の文化をつくり出した半島の呪い

韓国は再び中国の属国となるか

朴《パク》大統領と習近平主席の相思相愛パフォーマンスは、極めて政治的なものである。日米以外は北朝鮮に対する見え見えの演出であり、19世紀末日清戦争前の「いつか来た道」を連想させる。日清戦争前の宗主国朝鮮駐劄《ちゅうさつ》軍の総司令官は北洋大臣・李鴻章配下の20代の袁世凱だった。袁は国王以上のふるまいで、閔《ミン》妃《ぴ》は、青年司令官に阿諛《あゆ》迎合《げいごう》するため、妹まで袁の妾にし、両班の娘たちが妓生として清兵の酒席に侍るほど至りつくせりだった。

半島は三国時代のように3国、あるいはそれ以上に分かれることもあった。高麗、李朝時代から「日帝36年」までの間は統一時代で、その後は南北二つに分かれている。19世紀末の李朝末期からの閔妃と大院君の争いは、今の北朝鮮と南の韓国の争いにも似ている。

そして中国には、1000年以上の宗主国として属国を操縦する経験が豊富だ。北と南を事大競争させるのが実にうまいのだ。北は北、南は南でそれぞれ弱みがある。

もちろん朴の方も心得たもので、「今のうち」とチャンスを逃がさない。朴は日常会話程度の中国語はできるものの、それが外交に役立つかというと、逆にマイナスになることも多いのだ。

中国人である毛沢東は北京大学の図書館員まで務めたことがあるが、湖南訛《なま》りが強く、北京語は日常会話さえできなかった。

日本の誇る中国語の権威である倉石武四郎ら3人衆が、1954年に中国の国慶節（毛沢東が人民共和国成立を宣言した10月1日を記念した祝日）の前夜祭の行事に参加した記録が残っているが、毛が何をしゃべっているのか、誰にも分からなかったそうだ。しかし毛は文も詩も詞も巧みで、文章だけで数億の人民を動かした。これが中国の政治である。

韓国人がどんなに中国の古典や言語について勉強しても、中国人にはかなわないことは、次に見るダレ神父の『朝鮮事情』にも記されている（フランス人宣教師シャルル・ダレがローマ教会への報告書として1874年に書いた『朝鮮教会史』の序論の全訳である）。

「中国と朝鮮の間には、学問研究と科挙において二つの明確な相違点がある。その一つは、朝鮮における学問はまったく民族的なものではないという点である。読む本といえば中国のもので、学ぶ言葉は朝鮮語ではなく漢語であり、歴史に関しても朝鮮史はそっちのけで中国史を研究し、大学者が信奉している哲学体制は中国のものである。

写本はいつも原本より劣るため、朝鮮の学者が中国の学者に比べてかなり見劣りするのは当然の帰結である。

これよりもっと大きなもう一つの差違は、朝鮮では自らの特権に過度に執着し、特権維持のために絶対権力を発揮する多くの両班が、国王と人民の間に存続している点である」「朝鮮の学者たちは自身も、自国の文献に何ら信用を置かず、また決して研究対象にする事なく、中国の歴史書だけを読む事にしている。ときどき朝鮮語で書かれた簡略な歴史本に出くわす事もあるが、それは婦女子の気晴らし用の真偽取り混ぜた奇譚集に過ぎない。学者たちはといえば、それを開いて見る事さえ恥辱だと思っている」

半島は統一新羅以来、1000年以上にのぼる事大の歴史があるが、「事大一心」は禍《わざわい》の源ともなる。どんなに「地球化の時代」「国際化の時代」と強調しようと、半島の人間は時勢に暗く、逆に危ういことになりかねない。事大一心で明の威を借りて、満州人をいじめたため、2回にわたる「胡乱」と呼ばれる満蒙八旗軍の侵攻が起きたのだ。

大統領になった朴がたちまち習のもとに走った姿は、ヒロインが金のために恋人を捨てて富豪との結婚を選ぶ尾崎紅葉《こうよう》の小説『金色夜叉《こんじきやしゃ》』をも想起させる。韓国の貿易相手国第1位が中国だというのが最大の理由とされているが、中韓とも経済的には沈没寸前の状態である。

その二人が作り笑いさえできない状態で並んでいる様子は、第三者から見ると痛々しくすらあるが、それが中韓の性ともいえるだろう。

「事大」は半島としてやむを得ない選択であり、清が没落した後は「露館播遷《ろかんはせん》（朝鮮国王だった高宗がロシア公使館に逃げ込み、そこを政務の拠点とした事件）」のように、ロシアを頼った時期もあった。「捨てる神あれば拾う神あり」ではないが、これが歴史の教示というものだろう。しかし歴史に学ぶのではなく、後から歴史を作るのが韓国流なのだ。

韓国の国策としての「反日」についてよく見逃されているのが、本心でない「事大」のための反日である。

中国と付き合う際には必ず「自分と付き合う以上、あいつらと付き合うな」と注文を付けられる。政治外交に限らず、ビジネスでも「わが社と取引する以上、他社と取引するな」と言ってくるのが中国人の交際の常識、というより法則となっているのだ。

韓国は中国と国交を樹立する際、中国の要望を韓国が理解するという形で、実に非常識で酷薄無情な台湾叩きが行われた。韓国のメディアは、いかに台湾を騙し、いじめたかについて「韓国人の聡明さは世界一だ」と自画自賛する有様である。

このように、中国への事大には条件が伴う。韓国に限らず、世界各国に対して「台湾と付き合うなら中国は付き合わない」というのが外交の原則であり、いわゆる「外交三光作戦」「経済三光作戦」なのである。

日本に対しても、チベットのダライ・ラマ14世、ウイグルのラビア議長、果ては台湾の李登輝元総統のような一民間人まで「影響力がある」という理由で、中国の現場指導のもと日本政府が入国を拒否したことがあった。

「中国は怖い」と恐れる有力政治家は少なくない。李元総統が日本に入国ビザを申請した当時、河野外務大臣はかたくなに拒否し続け、森総理が怒って「命令だ、嫌なら辞めろ」というまで自民党内が紛糾した。

韓国は国力でも、また伝統的にも日本よりはるかに弱い立場にある。韓国の操り方を知り尽くしている中国側が、いつもの付き合いの原則を曲げることはありえない。朴大統領だけでなく、韓国企業も「事大」ゆえに反日にならざるを得ないということを、日本人は理解し、同情する必要があるのではないだろうか。

テロリストの銅像が示す歪んだプライド

半島人は北の朝鮮も南の韓国も、実に銅像が好きだ。建国の父・金日成《キムイルソン》に加え金正日《キムジョンイル》の像が、北朝鮮のシンボルとしてよくテレビに映し出される。写真集などを見ると、半万年前に牝熊から生まれたという開国の祖・檀君の像まで乗っている。

韓国が好きなのは、大統領よりテロリスト・安重根や従軍慰安婦の像だ。朴大統領は伊藤博文が暗殺されたハルビン駅に「韓中友好のシンボル」として安の像を建てることを習主席に掛け合い、やっと約束をとりつけ記念館までつくった。

中国は多民族国家、というより55もある非漢族を強引に中華民族に同化させようと、100年来手を尽くしてきた。テロリストの銅像を公然と建てるなら、蒙古の英雄チンギス・ハーンや、清の開国の祖アイシンカクラ・ヌルハチはどうなるのだろうか。朝鮮人の銅像ばかりでなくこうしたモンゴルや満州の英雄、そしてウイグルやチベットの英雄の像も作るべきだ。反テロを掲げる国家がテロリストの像を建てることは、国内のテロを奨励することになりかねない。習主席も厄介な問題を抱え込んだものである。

韓国は銅像ブームに乗って「世界各国に慰安婦の銅像を作る」と公言しており、世界中に像が建つのではないかという話もある。

台湾には銅像に悩まされた過去がある。中国軍に占領されて以来、蒋介石の立像と半身像は計4万3000体かそれ以上と推計されている。1平方キロ内に平均1体以上あることになり、まさに島中像だらけだ。

台北市のロータリーにはかつて、日露戦争の英雄・児玉源太郎の乗馬像があったが、あまりに立派だったため頭部を蒋のものとすげ替えられた。2000年に政権が替わった後、蒋介石の銅像は1カ所にかき集められ「蒋公銅像」の公園ができている。

英雄といえば、たいていアレキサンダー大王やナポレオンのような遠征や建国を成し遂げた人を指す。中国の英雄とされる漢の武帝も四方に征伐の手を広げ、朝鮮半島にも四郡を作っている。

清末期に状元出身で、李鴻章の側近であった張謇《ちょうけん》（後に立憲派のリーダー）から朝鮮省を設置する案が出されたが、そのもとになったのもこの四郡の存在であった。中国人とモンゴル人が「チンギス・ハーンは我らの祖先」と争いになることもある。

一方、韓国で出版されている本を読むと、自慢話の連続だ。ウリナラ自慢は最近のはやりでもあるが、「半島は英雄だらけ」という錯覚に陥りそうになる。

しかし韓国の英雄を見てみると、ほとんどが抵抗者、しかも悲運の人物ばかりだ。妓生や売春婦が愛国の英雄となっている。歴史的にほとんど自律性がなく、常に他者に動かされてきたからだろう。

同じ中華の属国といっても、ベトナムは朝鮮半島とはだいぶ性格が違う。表向きは朝貢国家だったが実際には面従腹背で、実質的に独立した「大越南国」であった。近年になってもベトナム戦争や中越戦争でアメリカや中国を相手に戦った歴史があり、大中華相手にも対抗すべき時は対抗する姿勢を持っている。

対して朝鮮半島は「千年属国」から自力で脱することができず、今でも「大国人」には頭が上がらない。もっともこれには地理的な問題も関係している。中華の中枢から非常に遠く、皇帝の権力もいきわたらないベトナムと違い、大中華に首根っこを押さえられている半島は中華に従うしか道はなかったのだ。気候が寒冷で、自力で国を豊かにするのが難しい事情もあっただろう。

歴史の主役になれず、事大に徹してきたことが悪いとはいえない。弱小国が強者の侵略から身を守るための知恵であり、生き残るための手段だったのは確かである。

しかし「外来勢力に屈したのは、外力を利用して国内問題の解決に役立てるためだった」「事大は平和を愛好する民族の証明だ」などと、無理やり美化したがるのには首をかしげたくなる。

テロリストを美化して英雄に仕立て上げるのも勝手だ。しかしそれは半島内だけのことで、一歩外に出れば誰にも通用しない。

テロリストではなくとも、日本人は織田信長や坂本龍馬の像を海外で建てようとは思わないだろうし、まして原爆被害者の像を世界中に建てたいとは夢にも考えないであろう。それをやってしまうところに、自国の歴史の他律性を認めたがらない歪んだプライドがあるのではないだろうか。

悪いのはすべて他人のせい

韓国人には「悪いのはすべて他人のせい」としたがる人が多いという特性がある。そして「よいことはすべて自分のおかげ」と思い込む、実におめでたい人も少なくない。この自省能力のなさは中国人とも共通している。

約400年前の明末期、異端の儒学者とされる李卓吾はその著書『蔵書』において、中国人を「いかに自己礼賛するかについては苦心惨憺するが、自己批判についてはまったく聞く耳を持たない」と分析している。

文化大革命では「自己批判」が大流行したものの、「自己批判」させられたのはほとんどが失脚者であった。

韓国人のウリナラ自慢はかなり高揚しているが、「なんでも他人のせい」という精神もすでに病的レベルに達している。中でも「南北分断、1000万人の家族離散の悲劇は日本のせい」という主張には首をかしげたくなる。統一したければ明日にでもすればよいのに、なぜ自国民の殺し合いが他人のせいになるのだろうか。

改めて、韓国言論人の主張を検証してみよう。

韓国には自称「半万年」「6000年」の歴史があるものの、名勝古跡は意外と少ない。これについて「朝鮮に歴史的文物が少ないのは、豊臣秀吉の朝鮮出兵と日帝36年の時代に、日本人の手で破壊されたからだ」という批判がある。

確かに、李朝朝鮮時代の宮殿である昌徳宮・昌慶宮は朝鮮出兵の際に焼け落ちている。多くの観光案内書には「秀吉軍の手による」とされているが、実際は秀吉軍の入城前に、民衆の手によって火をかけられたのだ。民衆は兵乱に便乗して略奪を働き、奴婢は身分台帳のある掌隷院に放火して解放を求めたのだ。

『宣祖《せんそ》実録』には「人心怨叛し、倭と同心」と認め、第14代宣祖が「賊兵の数、半ばは我国人というが、然《しか》るか」と尋ねた、と記載されている。当時の文官・金誠一の記録『鶴峯集』にも「倭奴幾ばくもなし、半ばは叛民、極めて寒心す（ぞっとする）べし」とある。朝鮮半島を荒らした秀吉軍の半数が、実は朝鮮民衆だったというのだ。

朝鮮では王朝や政権が交替するたび、前の業績や政策をすべて否定し破壊する風潮がある。戦後に日本の業績が軒並み否定され、今でも政権が交替するたびに前大統領が逮捕されたりするのも、同じ「伝統」といっていいだろう。こうして朝鮮人自らの手で過去の遺産を葬ってきたものの、その事実を認めず日本に責任転嫁しているのだ。

歴史の古さを自慢する割に見どころの少ない韓国では、安い買い物や辛い食べ物を除けば、見て感嘆させられるほどのものはあまりない。昔は38度線（北朝鮮との国境線）やキーセン（売春婦）、最近は韓流くらいのものだ。

古跡の少なさはたいてい豊臣秀吉の破壊のせい、韓国が貧しいのは日本の搾取と略奪のせいにされるが、そんな国が他にあるだろうか。李圭泰の『韓国人の意識構造』によれば「字をうまく書けないのは筆墨のせい、モチをうまく作れない女はまな板のせい、暮らしが悪いのは祖先のせい、事業がうまくいかないのは墓のせい」つまり、何でも責任転嫁するということだ。

韓国では慰安婦問題がよく取り沙汰されるが、日本でも貧しさなどの理由から、身売りせざるを得なかった女性は昔から数知れない。民衆を貧困に追い込んだという意味では国にも間接的な責任があるといえるが、警官が首に縄をつけて女性を遊郭に連行したなどという事実がない以上、国が賠償する筋合いはない。

国を相手取って「政府の失策のおかげで性奴隷にさせられた」と抗議する日本女性はいない。最も理解に苦しむのは、世界で一番老人を大事にするという祖先崇拝の国でありながら「戦前の日本世代が死に絶えない限り韓国はよくならない」という主張があることだ。実際、２０１３年5月、宗廟市民公園で「日本時代が悪いとは思わない」ともらした95歳の老人が若者に殴り殺される事件も起きている。

それにしても、韓国の欠点はすべて日本のせいとする「唯日論」「唯日史観」は実に異常なものだ。「日本人がこの地上から消えない限り世界はよくならない」というのは完全に病的だが、これは韓国にとって日本の存在がどれだけ大きく決定的なものであるかの逆説的な証明ともいえるのではないだろうか。

朋党争いという朝鮮名物

半島の南北戦争（朝鮮戦争、韓戦とも）を経て半島が南北に分離してからすでに半世紀以上が過ぎた。統一の声も少なくないが、朝鮮と韓国の一民族二国家状態が続いている。「東西ドイツもベトナムも一つになったのに、なぜ韓国はまだなのか」「なぜ日本の代わりに韓国が分断されなければならないのだ」と、例によってすべて日本のせいにする言説も健在だ。

アメリカのような多民族国家もあり、近代国民国家は別に一民族一国家と決まっているわけではない。一方、ドイツやオーストリア、スイスなど、また北欧などは大部分がゲルマン人で、ラテンアメリカも大半の国がラテン人中心だ。だからといって「同じ民族なのになぜ分断されなければならないのか」と逆恨みする人はほとんどいない。

連邦や合衆国といった形をとることはあっても、結果的には一つにまとまるより複数に分かれることが多く、それも平和的に分離するのではなく、喧嘩別れのような形が少なくない。

半島にはかつて高句麗、新羅、百済とさらに分裂していた時代があり、モンゴルは今でも三つに分かれている。「一つの韓国」が最善の状態とは限らない。むしろ多ければ多い方がよい、ともいえる。

というのも、半島は歴史的に「朋党の争い」が絶えないお国柄である。太祖である李成《イソン》桂《ゲ》の子の代から、第一次王子の乱(1398)、第二次王子の乱(1400)が立て続けに起きている。その後も続く内部争いを列挙してみよう。

・1450年代半ば、第6代端宗を第7代世祖が排除した「世祖の乱」。
・1400年代末期～1500年代初頭、第10代燕山君による「戊午《ムオ》士禍」「甲子《カプチャ》士禍」。
・1519年、第11代中宗の時代の「己卯《サミヨ》士禍」。
・1545年、第13代明宗の時代の官僚弾圧「乙巳《ウルサ》士禍」。

「士禍」とは、士林への大規模粛清を指している。その後は政権を担うようになった士林派が派閥抗争を繰り広げ、分裂と粛清が繰り返されたのだ。

こうした混乱に終止符が打たれた朝鮮総督府時代の36年間は、半島史上で最も安定した時期であり、だからこそ近代化が可能になったのだ。抗日運動も、全民に広がったのは三・一独立運動くらいで、ほとんどは単発的なものであった。

三・一独立運動では一時的に各党各派が団結したものの、すぐに分裂して、ソウル、シベリア、上海などに複数の臨時政府が乱立するようになる。総督府が彼らを追い出したのではなく、民衆の支持が得られず、法治国家となった韓国での非合法活動が難しくなったことが原因だ。外部の支援を得ようという意図もあっただろうが、共産主義者と民族主義者が主導権を争って対立する事態が続く。李朝時代の朋党の争いはこうして半島の外に場所を移した「場外乱闘」となった。

戦後は半島内での朋党の争いが再燃し、金九《キムグ》や呂運亨《ヨウニヨン》、宋鎮禹《ソンジヌ》ら朝鮮の独立運動家たちは、内部分裂で次々に暗殺されていった。こうした自国民の殺し合いのピークこそが朝鮮戦争だったのだ。

北朝鮮では現在、金王朝が3代にわたって続いている。崩壊の危機が常にささやかれつつも「韓国を火の海にする」と、強気な姿勢は変わらない。

南の韓国では、新しい大統領による前の大統領の粛清が繰り返されており、無傷で済んだ元大統領は一人もいない。以下に列挙してみよう。

・李承晩《イスンマン》……大統領選の不正が原因で反政府デモが起こり退陣、亡命後に病死。
・朴正熙《パクチヨンヒ》……側近により暗殺。
・全斗煥《チヨンドファン》……退任後に不正蓄財事件で親族が逮捕、本人も逮捕され、死刑判決の後に特赦。
・盧泰愚《ノテウ》……退任後に政治資金疑惑で逮捕され、特赦。
・金泳三《キムヨンサム》……任期中、不正融資事件で息子が逮捕。
・金大中《キムデジユン》……任期中、不正資金事件で息子が逮捕。

・盧武鉉《ノムヒョン》……退任後に側近や親族が不正疑惑で逮捕される。本人も事情聴取され自殺（腹心からの他殺という説も）。

2013年に退任した李明博《イミョンバク》元大統領も、朴槿恵《パククネ》新大統領が就任して早々、李政権における不正予算監査が請求されている。韓国の朋党争いの伝統は、現在も延々と続いているといってよいだろう。

階級差別という永遠の呪い

階級区分を示す「士農工商」は古代中国の概念で、日本にも採用されている。孔子は「君子」「小人（民）」を区分し、「民は由らしむべし、知らしむべからず」「女子と小人は養い難し」のような言葉を残した。当時には当時の常識や人間観があり、それについて後知恵でコメントする気はない。

「日帝36年」からさかのぼること500年の昔、半島の高麗朝には「蒙古100年」の時代があった。当時モンゴルには、人種によってモンゴル人・色目人（中亜・西亜・西洋人など）・漢人（女真族や契丹族、北方の中国人、高麗人など）・南人（南の漢人）、職業によって「官・吏・僧・道・医・工・匠・娼・儒・丐（乞食）」という階級があった。このような階級意識が「蒙古100年」で半島にも定着したと考えられる。

しかし高麗朝はもともと敬虔《けいけん》な仏教国家として衆生の思想が強く、李朝ほどの階級意識はなかったと思われる。李朝以前の半島は、社会構造や文化が日本と比較的似ていたが、李朝以降は中国との類似性が増していく。

江南から興った漢人の明にモンゴルが追われてから、その勢いに乗って高麗の政権を奪取したのが李朝朝鮮の李成桂である。李成桂は明の太祖に国号と王位の下賜を乞い、太祖は朝鮮の国号を授けたものの、権知（高麗王代理）の身分しか許さなかった。朝鮮国王としての冊封が許されたのは後のことだ。

李朝時代のような強固な階級意識・階級差別が定着したのはいつなのか、まだ研究の余地があるところである。とはいえ清代以降、朝鮮半島における中華意識は本家の大中華を上回るものであった。

李朝朝鮮は大中華以上の儒教国家で、アジアだけでなく世界的にも特異な社会構造を持っている。上部構造の主流は儒教思想であっても、下部構造は極めて頑強な階級に支えられていた。

まず国王を権力の頂点に、王族、両班（文武貴族）、中人《チユンイン》（官僚階級）、常民《サンミン》（農工商階級）で、租税・労役・兵役・貢物の義務を負う。良民《ヤンミン》（両班・中人・常民をいう）、賤民《チヨンミン》という強固なヒエラルキーが存在していた。

賤民は医者や俳優《ウイザ》、巫女《ペウ》、皮工《ムニヨ》、奴婢《ノビ》、役所所属の官妓《クワンギ》、軍人所属の辺妓、牛馬を引く牽令《キユンエン》、猟師の砣争《ボス》、漁民の水尺《スチヨク》、駅の駅卒《ヨクゾル》、僧侶などに分けられ、最下層に位置するのが白丁《ペクチヨン》だった。

さらに、流刑地とされた東北や西北の民は被差別民扱いで、『経国大典《キヨングクテチヨン》』には「北方の咸鏡道、平安道、黄海道の者は、官憲はもちろん鷹師への起用も禁止する」という条例がある。

「大国人」になりたくてもなれない両班だったが、意識的には「亜中国人」的な存在で、常民や奴婢をいじめ抜いた。その意味で両班は一種の異民族だったといえるだろう。

最初は漢人の明を宗主国に奉じた李朝朝鮮は、その後は清を宗主に仰ぎ、実質上清とともに幕を閉じた。こうして二つの帝国に仕えた李朝朝鮮は500年の歴史を持つに至ったのだ。現在の半島文化は、衣食の面ではモンゴルの影響を残しているが、それ以外の面では李朝の遺風が根強いのだ。ことに階級差別意識は根強く、社会構造が変わってもあまり変化していない。

中韓の華夷思想は人種差別というより「人獣差別」というべきもので、韓国における差別意識は中国以上だ。

朝鮮半島は、数千年にわたる階級差別や地域差別、門閥意識によってがんじがらめになっている。国難のたびに民衆がすぐ王族に背を向け、敵の先頭に立つのも、差別と搾取の歴史背景を考えることで理解できるだろう。幕末の混乱を短期間で終息させ、国民一体となって明治維新に臨んだ日本とは対照的だ。

日本での在日朝鮮人差別はよく問題にされるが、韓国における在韓中国人差別はその比ではない。それまで「大国人」だった在韓中国人が「垢奴《テンノム》」と呼ばれてさげすまれるようになったのは、韓国の事大の対象が清から日本に代わって以来だ。万宝山事件（1931年に満州で起きた、中国人と朝鮮人の衝突）以来、迫害された華僑は半島を大量脱出するに至る。

朝鮮総督府は門閥廃止、万民平等に基づく階級差別廃止を断行したものの、階級や地域差別は今日でも厳然と残り、大きな社会問題になっている。朝鮮戦争による南北分断は確かに悲劇ではあったが、半島の抱える矛盾を一挙に解決したという意味ではメリットがあるともいえる。南の韓国には、北に対する根強い差別意識が潜んでいる。南北統一が実現すれば、今は分断の陰に隠れている伝統的な差別意識が再燃する可能性もあるだろう。

全世界から取り残されるハングル世代

国家や民族ばかりでなく、言語が違えば見方や考え方も異なる。言語や文字は人間の言行をも左右するのだ。

台湾は大きさが九州ほどしかない小さな島だが、多文化、多文明、多言語社会である。今は北京語族、日本語族、台湾語族の三つに分かれているが、かつては平地原住民と山地原住民が数十の言語を持っており、同じ山地のタイヤル族でも地方で言葉が異なっている。私の小学生時代、学校では共通語だったが、隣近所で言葉が異なり、遊び仲間でも通訳が必要だった。バイリンガルどころではない。

台湾語は、年齢や学歴によって外来語の含有率も異なる。台湾語の声調は八声、北京語は四声で、文法も違うため、日本が開発した音読や訓読は非常に便利だ。私のような両棲類的言語生活者にとっては、知識と知恵の結集した最高のツールなのである。

漢字の歴史は長いが、代表的な表意・表語文字であり、アルファベットのような表音文字とは性格がまったく違う。この差異は当然、ものの見方や考え方にも大きく影響する。たとえば、漢字は元来、甲骨文字や金石文字など硬い素材、また竹や帛《きぬ》に書かれていた。おかげで文字数はかなり制限され、語句の文字も圧縮される。古典などが注釈なしに読めないのはそのためである。読解法はクイズのようなもので、『孫子』には十家注、四書五経にはさらに多くの読解がある。

そのため中国人（漢人）にとって、漢文は一知半解の文章体系でしかなく、それがまた中国人の考え方や知識を左右することになる。中国近代文学の父・魯迅は亡くなる前「漢字が滅びなければ中国は滅ぶ」と言い残したが、こうした国字観は漢字・漢文が直面する問題の深刻さを示しているといえるだろう。

韓国人は日本人と同じアルタイ語系のツングース語族に属しているという説もある。漢語系語族とはまったく系統が異なる。日本は10世紀にはかな文字を創出しており、中華帝国周辺民族もそれに続いてそれぞれ文字を開発、独自の文化を花開かせた。当時は唐の衰退期とも重なっており、東洋学の大家・宮崎市定は「中世民族主義の興起」と定義している。

特に日本語における漢字かな交じり文章体系の創出は、日本史上最大の発明ではないかと私は考えている。目で読む漢字と、耳で聞くかなを併用することによって、日本語は視覚的言語と聴覚的言語という二元的原理を同時に作用・調整する言語体系を可能にしている。この二元性によって、二元的原理によって、自由な表現が可能になる。さらに一元的な視覚言語である漢語や聴覚的言語の洋語と比べて時代の変化により対応しやすいというメリットもある。

一方、韓国がハングルを創出したのは15世紀に入ってからだ。日本でいえば室町時代になって、ようやく独自の文字を開発したのである。独自の文字創出が遅れた一因は、「我々には中華の漢字がある、独自の文字を持つのは野蛮人だけだ」という根強い反発があったからだ。ハングルは婦女子の文字として一段低く見られ、両班など知識階級は頑として使おうとしなかった。

漢語には、日本で生まれたいわゆる和製漢語が少なくない。そのため戦後は反日の高まりとともに、漢字を廃してハングルを推し進めようという気運が高まりつつある。

現在、韓国人は「ハングルは世界一優れた文字体系」と胸を張っているが、そこにはさまざまな限界がある。尹泰林は著書『韓国人　その意識構造』で、韓国語について次のように分析している。

「理論的、科学的表現には向かない」
「事物を客観化かつ対象化して理解しようとしない」
「事物を正確に表現するのに充分でない点が多い」
「推理力に欠ける時、常に感性にのみ依存し、直感的技術に頼ろうとして、合理的に把握しようとする精神が欠如している」

さらに、ハングルはひらがなと同じ表音文字であり、漢字を廃して総ハングル化するのは、日本語でいうと新聞も学術書もすべてひらがな表記するようなものである。教養や表現力はどうしても低下するし、漢文で書かれた過去の文書を読むこともできなくなる。こうして戦後ハングルで書かれたでたらめな歴史を鵜呑《うの》みにしてしまうことになり、歪められた独善的な歴史認識が蔓延するという悪循環が、総ハングル化によってますます進められることになるのだ。

妄想・虚言が横行する半島のさだめ

国にも民族にもそれぞれの定めがあることは、自然の摂理や社会の仕組みを見れば明らかなことである。子供の頃の昔話には生前から決められていた運命（さだめ）の話がよく出ており、学生時代になると歴史の法則や運命などを歴史哲学の立場から学び、唯物弁証法や唯物史観から「歴史の必然」について語ることもあった。

出会ったり交流があったりする相手によって運命が変わることがあり、それは一個人や家族だけでなく、国家や民族も同じである。

朝鮮半島に目を向けてみよう。統一新羅の時代から始まった歴代中華帝国との冊封関係、また「日帝36年」と呼ばれる合邦関係は、半島にどういう運命を与えたのだろうか。戦後史はさらにはっきりしていて、日米や中ソとの交遊が南北の運命を決定づけたことは明らかだ。それは歴史の運命ともいえるだろう。

大陸では国共内戦の結果、中華人民共和国が成立した。国際的な環境もあって、中国は蘇《ソ》連とのみ交流・傾倒する「向蘇一辺倒」を国策とする。自力更生と称して、ソ連の「鉄のカーテン」と併称される「竹のカーテン」を閉ざしたのだ。北の朝鮮もチュチェ思想を掲げて世界から孤立し、李朝時代の「東洋の秘境」に逆戻りした。

これには戦後冷戦の時代背景のみならず、過去の小中華思想や朱子学の影響もあるのだろう。その独善性や排他性は、やはり朱子学からくるものである。

言語や風土、歴史から作られた「文化」は、いかなる国であろうとユニークなものだ。

これに対し「文明」は普遍的で、共有することも可能である。

明治時代の美術評論家である岡倉天心のいう「アジアは一つ」は、「アジアは一つにするべきだ、少なくともアジアという視点では一つであることが理想だ」ということを意味している。しかしアジアはイスラムやヒンズー、仏教、儒教などそれぞれ宗教が異なり、現実として一つではない。

岡倉とほぼ同時代の樽井藤吉は「大東合邦論」を唱えているが、その一方で福沢諭吉の「脱亜論」もある。日本国内だけでも、欧風と和風（ヤマトイズム）の拮抗があった。

このような思想、また国家・民族の関係は今も存在している。中韓鮮のいわゆる「特亜3兄弟」の反日にも、それなりの理由やさだめがあるのだろう。

今まで、私は比較文化論や比較文明論を学び、そこから現在の東亜のさだめを見るようになった。

中国は大陸、韓国・朝鮮は半島、日本は海島で、文化や文明の生い立ちも異なる。それは地政学や生態学における違いからくるもので、それぞれが長い歴史を持っている。

たとえば万里の長城は蒙古の襲来を防ぐことはできないが、日本は元寇を免れることができた。その理由は神風ばかりではなく、大陸と島国の地政学的条件によるのだが、細かい検討はハートランド論やシーランド論に任せたいと思う。

生態学上の違いも、単に農耕と遊牧の差異ばかりではない。中国大陸でも南船北馬（南は川が多いので船を用い、北は平野が多いため馬を用いた）という違いがある。こうして共有された歴史の歩みから生まれるのが文化、文明である。

中国の文人には、すでに清朝末期から「日本にできるなら中国にできないことはない」という考えがあり、今でもそれは根強く残っている。その理由も「土地が日本より広く人口も多いから、日本より素晴らしくかつ早く達成できるはずだ」というもので、当時からあまり変わっていない。ましてや「中国人は世界一聡明」と信じ込んでいる。

「漢江の奇跡」以来、韓国にも同様の主張が目立つようになった。そこには過剰なウリナラ自慢も含まれている。

「日本人にできるなら自分たちにもできる」といっても、日本人の思いやりの心を半島の人間が持つことは可能だろうか。江戸時代は200年以上、平安時代は300年以上、縄文時代は1万年ほど平和な時代が続いたが、それも真似のできないものである。

日本の平和は自然の摂理と社会の仕組みから生まれたもので、永久平和論や平和運動の成果などではない。今まで見てきたような朋党の争いや自国民の虐殺は「易姓革命」の国の自然と社会から生まれたものであって、「万世一系」の国とは土台がまったく異なるのだ。そうなれば当然、運命も違ってくる。それがさだめというものであろう。

空間のスケールをより広く、時間のスパンをより長くとって、文化や文明の定めを見極めなければならないのだ。これも半島の呪いを見定める方法の一つである。

日韓を客観的に見るためには、避けられないさだめの視点からも見なければならない。

ハングル世代への教育やマスメディアは、ウリナラ自慢や「世界一聡明なる民族のDNA」といった過剰なプライドを常に助長している。そして下は庶民から上は大統領までが自慢したがる「漢江の奇跡」「OECD参加」など、戦後韓国は華やかに世界の舞台に登場してきた。しかし韓国人自身の抱えるさまざまな問題について、あまり取り上げられてはいない。

最大の問題でありながらほとんど触れられていないのが、大統領をはじめとする知識人の言行と常民の現実との間の、ほとんど埋められない乖離《かいり》だ。儒教でいう「君子」に当たる政治家や学者、現実的な階層でいうなら「両班」というべき人々が口にするのは理想、それもほとんど実現不可能な妄想ばかりである。実現できないからこそ「過去」に逃げ込むしかないのだろう。

常民はこの空想に酔いしれながらも、つねに実生活に直面している。建前と本音があまりにもかけ離れている結果として責任を誰かに押し付ける一方、「恨」がさらに積もっていく悪循環に陥っている。

またできないことでも断言してしまうため「大法螺吹き」のイメージが定着しているのだ。戦後韓国の政治経済、外交、文化などあらゆる分野にこの空想・妄想が付きまとっており、それは単なるイメージにとどまらない独自のメンタリティになってしまっている。これが「韓文化」の特徴として、韓流映画などさまざまなポップカルチャーにも反映されているというわけだ。

こうした問題を国内で発散するか、外敵に向けるかが、精神的な課題として重層的に溜まっていく。両班を中心とした李朝時代の社会構造から抜け出すことはなかなか容易ではない。日韓問題の根幹にも、こうした目に見えない韓国人自身の深層心理が潜んでいる。

第四章　世界から軽蔑されるウリジナル

ウリナラ自慢は韓国人の死に至る病

統一新羅以後の韓国は、中華帝国歴代王朝の「千年属国」として「事大一心」を貫いてきたため、自律性も創造性も失ってしまった。そこが、同じ半島でも独自の文化や文明を築いてきたバルカン半島の古代ギリシャ、イタリア半島の古代ローマ、イベリア半島のポルトガルといった他の半島国家と異なるところである。

創造性を失ってしまった最大の理由はやはり「事大」の一言に尽きるだろう。李朝の世宗時代にはせっかく国字としてのハングルを創出したにもかかわらず、両班階級は「下賤なハングルは、知っているだけでも恥ずかしい」と考えていたため500年以上もの間、死蔵して活用できなかった。

いかなる文字であろうと、交信メディアとして記録や伝達の道具として、一つのシステムを確立するのには、百年や千年単位の時間が必要とされる。漢字においても100年以上論議され続けてきても、簡体字化は問題が多く、ラテン文字化も成功していない。

ハングル文字の問題点は、歴史の蓄積が不足しているだけでなく、同音異義語の氾濫をもたらしたことだ。漢字をただ分解し、創作されたハングル文字は朝鮮民族が民族文字をもつという独自の価値をもたらしたが、それ以外は幻想にも似た唯我独尊を作っただけである。ハングル文字こそ韓国人の創造力と理性を奪った元凶ともいえる。

そして現代、特にインターネット世代にはウリナラ自慢が広がり、無知と自惚《うぬぼ》れはますます昂進してもはや「病的」といえるレベルになっている。その結果、何の証拠もない「ウリナラ自慢」が広まっているのだ。

「天皇は韓国人の子孫だ」

「侍の起源は百済人のサウラビ（韓国武士）、剣道の起源は朝鮮のコムド、柔道の起源は韓国のユド」

「茶道、盆栽、日本刀などの伝統文化はみな韓国起源」

怒りが湧いてくるより馬鹿馬鹿しくなるようなこじつけばかりだが、彼らは大まじめである。しかも韓国人のターゲットは日本だけではない。

「孔子や始皇帝、孫文などは韓国人だった」となれば、旧宗主国が怒るのも当たり前だ。

また韓国で「世界一古い文物・世界一優れた文物」と称するのは、①金属活字・金属活字印刷本、②木版印刷物、③科学的文字ハングル、④測雨器、⑤亀甲船（装甲艦）の五つである。

しかし、実際に確認できるのは①の金属活字・金属活字印刷本だけ、あとはすべて怪しいものである。特に③のハングルが「世界最高の科学的文字」というのは自称であり、何の根拠もない。

福沢諭吉、井上角五郎《かくごろう》をはじめ、小倉進平ら多くの日本人言語学者が李朝朝鮮政府に使用を禁止されたハングル文字を復活させ、漢字交じりのハングル文字体系を確立した。

しかし、朝鮮総督府時代のかな文字とハングル文字の教育実験からの結論として、かな文字の方が断然に朝鮮人小学生に好かれたのである。この事実だけ見ても、世界最高の科学的文字というのはいささか言いすぎである気がしてならない。また高麗時代にさかのぼるという金属活字は2個しか現存しておらず、金属活字印刷本もフランスが所蔵している。自国の文化を保存するという意識がきわめて低いといわざるを得ない。

「漢江の奇跡」は、日本からの資本、技術、人的支援なくして実現不可能であったということは世界的にも常識であり、アジアＮＩＥＳ論の一大論題にもなっている。にもかかわらず、そんな援助を受けたことなど忘れ、「漢江の奇跡」を成し遂げて自信がついてきたところに、教育とマスメディアが捏造交じりの拍車をかけたことで、自信は過信へと変わっていった。こうして「人類のあらゆる文化や文明は韓国が起源だ」という一大ファンタジーに至るのだ。

この病気は韓国人の民族性となり、国柄にもなっている。

国自慢は韓国人に限らない。大中華でも、古代から抱いてきた他者への優越意識が中華思想となった。西風東漸後も「歴史悠久、土地広大、人口衆多」「中華文明は西欧文明よりはるかに素晴らしい」といった国自慢が、小学校教育ですりこまれている。

19世紀後半のアヘン戦争後から洋務運動（自強運動）へと至る時期は、人類のすべての文物や文化、文明は中国起源という説が一世を風靡した。韓国のウリナラ自慢も大したものだが、大中華も負けてはいない。

「日本は中国人が移民して作った国だ」

「老子がインドに行って、胡人を教化して仏陀になった」

「旧約新約諸篇の理論は『墨子』に由来しており、著者である墨翟《ぼくてき》はモーセである。つまりキリスト教の起源は中国だ」

「中国はすべての文化の発祥の地だが、器（物質文明）の伝承がなかったため西方に流れた。中体西用（中国版の和魂洋才）は、天がその器を中国に還そうとするものだ」

こうしてあの手この手で自民族の優越性を強調したものの、戊戌《ぼじゅつ》維新、20世紀の辛亥革命という清朝滅亡の動きは避けられなかったのだ。

こうした大中華の国自慢に、100年以上経ってから追随することで生まれたのが韓国のウリナラ自慢である。自画自賛も結構だが、まったく根拠のない駄法螺《だぼら》は自分のためにもならない、ということは歴史の教訓に学ぶべきだ。夜郎自大（自分の力量を知らずに威張ること）は自尊心を養う上でマイナスにはならないものの、自惚れは自滅の一因にもなりかねない。

中韓の国自慢はやはり中華思想の優越感からくるものだが、何度も繰り返すところからは、深層心理に存在するある種のトラウマが存在していると考えられる。

大中華の場合、中原の人々の優越意識の強さは古典からも読み取れる。ことに仏教伝来後に生まれた土俗的な道教には、「老子はインドに行って仏陀や釈迦を導いた」という偽作『老子化胡経』が存在している。

アヘン戦争後の清の文人たちの間では「世界の文化や文明、文物はすべて中国が伝えた」という説がもてはやされた。中国では今でも小学生から国自慢を叩きこまれており、「どの地方に行ってもその土地の自慢話を聞かされた」という日本の駐在員の話もよく聞く。

一方の小中華・韓国にとって、大国人は、決して手の届かない存在ではなかった。現在のウリナラ自慢は大中華以上の大法螺だが、それ自体は悪いことではない。大中華以上の「超中華思想」を持つことはハングル世代に自信を与えるのみならず、「世界一聡明なる民族のＤＮＡ」のような誇りは覇気を養うことにつながり、千年属国のトラウマ払拭にも役立つ。

かつて坂の上の雲を目指していた日本の青年たちにも「ユース・ビー・アンビシャス（若者よ大志を抱け）」は人気があった。

韓国内で「日の丸やかな文字を作ったのは韓国人だ」と自慢する程度ならまだよいが、過信は禁物だ。少なくとも、創作した歴史や空想妄想を他人に押し付ける「超中華思想」は厳に慎むべきである。それは不和の禍根を残すものであり、「和」を貴しとする大和民族に対してはなおさらだからだ。

反日と親日がたどったまったく異なる運命

いわゆる「反日日本人」は、戦後に生まれた新人類である。戦前にもいなかったわけではないが、「非国民」にされれば社会からのけ者になり、決して好意的な扱いはされていなかったのだ。

しかし戦後は価値観が逆転した。GHQの教育を受け「世界革命、人類解放」という時代の潮流にも乗って、反日日本人は40年代後半から60年代にかけて大量繁殖している。結局「日本民主主義人民共和国」革命は成功しなかったものの、教育とマスメディアはこの流れに牛耳られ、自国を貶め続けてきた。

そもそも日本人は、誇り高き中華の国々とはまったく逆で、自虐的ともいえる民族性を有している。近代用語でいえばマゾヒズム的性格がきわめて強いのだ。

常に外の世界に理想を求め、江戸時代の朱子学者も大陸中国を「聖人の国」「道徳の国」とみなしてきた。戦後日本で「反日日本人」が大量に出現したのも、こうした伝統的風土によるものである。

中華の国々はこれとは対照的で、自己中心的にして優越感の塊である。韓国における両班的な性格がその代表であり、奴婢いじめを見ると実にサディズム的要素に充ちている。マゾ役の日本人はいじめられることに快感を覚え、大中華や小中華はサド的性格から日本をいじめることに誇りと優越感を覚えるのだ。戦後、ことに80年代後半からは「歴史」「靖国」をめぐってこのサド・マゾ共演が繰り返され、観衆もそれに喝采を送ってきた。

反日日本人の多くは屈折したエリート意識の持ち主であるため、国家を批判する一方国民を愚民扱いしている。そして祖国である日本の精神や伝統文化を蔑《さげす》む一方、革命に成功したソ連や中国、北朝鮮のような国を理想としてきた。

それでも時は移り世も変わっていく。この演出がどれだけ見事であっても、同じパフォーマンスを延々と繰り返すだけでは観衆も飽きてきて、アンコールの声も減りつつある。それが世の潮流というものだ。江沢民が「永遠の謝罪」、朴槿恵《パククネ》大統領が「千年の恨み」を望んでも、そんなキャンペーンは長続きしない。反日日本人が数十年にわたって精魂を注ぎ込んできた演出も人気が続かず、退潮せざるを得ない運命に追い込まれたのだ。

しかし日韓合邦後の韓国は、決して反日ばかりではなかったのだ。日帝36年の間、主流はむしろ「親日」だった。緑旗連盟の玄永燮《ヒョンヨンソプ》等がその代表といえるだろう。

ハングル世代以前、すなわち日帝時代の朝鮮人は親日派が多すぎて、親日圏を設定して粛清しつくさない限り、反日国としての韓国は成り立たない。だからこそハングル世代は「老人が死に絶えない限り韓国はよくならない」と嘆くのだ。

盧武鉉《ノムヒョン》時代は「日帝強占下反民族行為真相糾明に関する特別法」「親日反民族行為者財産の国家帰属に関する特別法」のような名実ともに親日派狩りを合法化した法案が採用されている。

その根底には「国内の敵を絶滅させないと、何世代経っても韓国は国家として生き残れない」という考えがあるのだ。「親日」が反民族なら、「親米」「親中」「親北」「親ロ」はどうなるのか、正気とは思えない。

しかし「反日無罪」「反日愛国」の名のもとに「日本に良心的な意見を述べると、反日団体から袋叩きにされるのではないか」という恐怖が蔓延し、法の精神は急速に崩壊しつつある。現に先ごろ、韓国人の元徴用工が補償訴訟を起こし、敗訴した日本企業2社がそれぞれ4億ウォンの損害賠償を命じられている。日韓合意によって請求権はすでに消滅しているにもかかわらず、国内法によって国際法が踏みにじられてしまったのだ。

そもそも戦時に徴用された韓国人は20万人前後いたとされ、李明博《イミョンバク》時代に公表された「日本の強制動員企業」リストには299社が名を連ねている。これらがすべて訴訟を起こしたらどんな結果になるか、彼らは何も考えていないのだろうか。

そこには韓国人としての弱みがある。韓国は「漢江の奇跡」以後、対外依存率は常に100%以上の通商国家になっている。韓国経済のもっとも基本的な構造と仕組みは「事大経済」と「パクリ立国」である。そして、そこが最大の弱みでもある。

反日だけでなく、内向的な思考や先祖返りもすぐに韓国経済の致命傷となり得る。親日派叩きだけでなく、チュチェの過剰な強調でさえ国益にはならぬことをもっと知るべきなのである。この観点から日韓を比較すれば、天国と地獄がおのずと明らかになるのではないだろうか。

韓国人によく似た反日日本人

近年「特亜」と呼ばれるようになった中韓北の反日3国のうち、特に中国と韓国は「全アジア・全人類の代表」を気取って反日を標榜してきた。それ以外で最も反日に貢献してきたのが、自虐的日本人とされる「反日日本人」、ことに進歩的文化人といわれる連中である。

彼らは力や自信がない場合、いつも外力に頼って反日を御注進し、時によっては自ら指南役を買って出ることもある。だからこそ「日韓問題はある意味日日問題だ」といわれるのだ。

その最も顕著な例としてよく知られているのが、朝日新聞やNHKだろう。河野談話や村山談話といった失態の根源は、朝日新聞が一大キャンペーンを張った従軍慰安婦問題であった。韓国人はこれを「日本の政治家が公式に戦争犯罪を認めた」ともてはやし、朴《パク》大統領も「村山談話、河野談話を継承してほしい」と、自虐的史観の継承を安倍政権に求めてきている。

しかし、朝日新聞が証言者としてたびたび取り上げた吉田清治の証言が、本人も認める虚構だったことは第二章で触れたとおりだ。また最近、河野談話のもととなった元慰安婦16人への聞き取り調査報告を検証した結果、発言内容は食い違い、氏名も年齢もあいまいで、歴史資料として通用しないものだったことが判明している（産経新聞2013年10月16日付）。

朝日新聞の主筆だった人物も、著書の中で慰安婦問題に触れ「確認の取れぬままに記事にするような勇み足もあった」と認めている。しかし社を辞めてから個人的見解として「勇み足」と釈明されても何にもならない。当の朝日新聞はいまだに、謝罪はおろか記事の訂正すらしていない。

したり顔で「日本はドイツを見習うべきだ」という反日日本人もいる。ドイツでは「戦争犯罪には時効がない」として、戦時中にナチスが行った虐殺・弾圧行為を追及しつづけており、日本もそれにならうべきだ、という理屈である。

しかしドイツは「ドイツ民族」と「ナチス」を厳密に分けて「戦争犯罪はナチスの責任

であって、ドイツ民族に非はない」という態度を崩していない。政党ナチスを構成していたのはドイツ人であり、ナチスに投票して政権を与えたのもドイツ人だが、「悪いのはナチスであってドイツ人ではない」というのがその見解だ。

現に、ドイツ首脳は他国に対して謝罪していないし、戦後補償も国家賠償ではなく個人補償という形で行われており、その対象も虐殺されたユダヤ人やポーランド人ではなく、ほとんどが自国民である。中国も、国共内戦や文化大革命の犠牲者に対し、賠償や謝罪など行っていない。それでなぜ日本国民だけが「土下座しろ」「誠意を見せろ」などと言われなければならないのだろうか。

しかも2012年には、韓国人の大学教授が従軍慰安婦の広告として、ポーランドのユダヤ人被害者記念碑前にひざまずくドイツのブラント元首相の写真を、ニューヨークのタイムズスクエアにある広告塔に張り出したのだ。

日本に対する嫌がらせなのは言うまでもないが、反日日本人が自国叩きに使った材料が、ほとんどそのまま使われているのである。こんなところまでパクリなのも韓国らしいが、出所が日本とあっては笑うに笑えない。

最近は朴槿惠大統領の告げ口外交が顰蹙《ひんしゅく》を買っているが、反日日本人による中韓への告げ口はそれ以上にたちが悪いものだ。反日日本人と中国人・韓国人は性格が酷似しており、目的まで似通っていることに、もっと注目すべきではないかと私は考えている。

2014年の2月。村山元総理は、わざわざ韓国国会まで出むき、村山史観の堅持を語り、日本叩きに迎合したのだ。時代錯誤な考えがいかに日本の尊厳を傷つけ、国益を損ねてきたのか、まるで生き証人のようなふるまいだった。これからの日本が進むべき道における反面教師としてみれば、彼のような存在も、決してマイナスばかりではないだろう。

とはいえ、反日日本人の社会条件は中韓とはまったく異なる。反日日本人は国内では「進歩的」、中韓からも「良心的」ともてはやされ、エリート意識が身についている。しかし中国や韓国で国家を批判するような言動をした人間は「漢奸」「韓奸」とされ、人権はおろか生命の危険にまでさらされるのだ。

生存権や表現の自由を保障されて堂々と国家を侮辱できるのは、非常に恵まれたことと知るべきである。こういう異常な現象は、戦後日本でしか存在し得ないだろう。反日韓国人は韓国では生存すらできないが、反日日本人は健在である。

彼らの横行は、戦後日本の問題がどこにあるかを解くカギでもある。逆にいえば、このような厄介な寄生虫にむしばまれても国家が壊滅しないことこそ、日本の強靭な生命ゆえともいえるのだ。

強盗国家として先祖返りする韓国

アジアの国々の中でなぜ、日本だけが他国に先駆けて近代化を達成できたのか。その理由として私が思い当たるのは、日本だけが強盗国家ではなかったことだ。

19世紀において、日本の近隣諸国はほとんどが強盗国家であった。台湾では村から一歩でも出れば土匪《どひ》（土着の強盗）がはびこり、役人と二重になって税金を取り立てていた。満州では馬賊が有名だが、それ以外にも「賊のいない山はなく、匪のいない湖もない」といわれるほどで、匪賊の推定数は2000万人、正規軍の10倍とされている。中華民国は「匪賊共和国」「中華匪国」と称されるほどで、朝鮮半島も火賊や草賊が横行していたのだ。

ではなぜ、日本だけはそれを免れたのか。封建社会という社会構造がうまく機能したためか、それとも万世一系という天皇国家の仕組みも関係していたかもしれない。というのも、易姓革命とは強盗行為を正当化する理論であり、易姓革命の国はたいてい強盗社会によって支えられているからである。

近代経済の発展には、安定社会の存在が不可欠であり、強盗社会においては絶対成り立たない。台湾でも19世紀末に初めて造幣局を設立して貨幣鋳造を図ったものの、すぐに匪賊に占領されてしまっている。匪賊という武装勢力に代わって警察が社会の治安維持勢力とならない限り、近代経済は絶対不可能なのだ。

朝鮮半島もかつては火賊や草賊の跋扈《ばっこ》する匪賊国家だったが、近年はそれに逆戻りしつつある。経済はほとんどパクリによって成り立ち、司法関係者までも「法匪（法律を悪用する者）」化しつつあるのだ。

少し前には日本マスメディアが韓国からのスリ集団来日への注意を呼びかけていた。最近はやはりナショナリズムの流行によるのか、組織化された窃盗団が司法と手を結んで日本の寺を荒らす仏像窃盗が登場している。

2012年には長崎県の有形文化財である観世音菩薩坐像が盗難にあったことがあった。韓国の窃盗団が逮捕され、仏像も無事発見されたものの、韓国の僧侶が日本を訪れ「仏像は650年前に倭寇に奪われたものだ」と主張してきた。韓国地裁も「仏像が日本のものであるという証明があるまでは返還しない」という仮処分を出している。

仏像そのものは確かに高麗時代に半島で作られたものだが、財産や請求権の問題は日韓基本条約で決着している。「国際法など関係ない、韓国のものは韓国に返すのが当然だ」

というなら、エジプトの窃盗団がロゼッタストーンを大英博物館から盗んでも構わない、という理屈になり、世界中の芸術品や文化遺産の帰属や管理はめちゃくちゃになってしまう。

韓国の僧侶は記者会見で「仏教的対話で解決したい」と話しているものの、どこが仏教的なのか、仏像が日本以外の国から盗まれたものであったらこんな態度を取れるのかと聞いてみたいところである。

日本で盗まれて韓国に渡ったことが分かっている重要文化財としては、壱岐島・安国寺の経典「高麗版大般若経」、加古川・鶴林寺の仏画「阿弥陀三尊像」がある。他にも同様の事件が起きており、高麗時代の作品、中でも高麗仏画は人気が高いようだ。

高麗仏画は現在約160点が確認されているが、半島にあるのは20点余りで、100点ほどは日本にあるといわれている。高麗は仏教国だったが、王朝が李朝朝鮮に代わって、儒教が国教になると、猛烈な「崇儒斥仏」運動が起こり、仏教は弾圧の対象になった。多くの仏像が焼かれたり破壊されたりする中、それを免れたものが日本に持ち込まれたとみられる。

朝鮮はもともと事大主義のため、自国の文化を大事にするという観念がない国だ。文化財の保全・保護が積極的に行われるようになったのは、日本の朝鮮総督府時代に入ってからのことなのだ。

そのせいもあって高麗時代の文化財は希少価値が高く、韓国内でもしばしば盗難の標的になっている。古美術品がマネーロンダリングに利用されていることも背景にあると考えられているのだ。

韓国の文化財庁によれば、日本にある朝鮮半島の文化財は6万6819点にのぼると見られている。それを狙って今、企業化された韓国の窃盗団が横行している。

「韓国人には盗癖がある」といえば差別ととられてしまうが、戦後日本の焼け野原で朝鮮人が「三国人」として土地を強奪・占有してきたことは知る人ぞ知る事実だ。まして「愛国無罪」の名のもとに窃盗までが正当化されてしまっている今、韓国の強盗国家としての「名声」は高まる一方である。

不正、賄賂、売春、数えきれない悪しき伝統

朝鮮半島では、古代の原始奴隷社会から近代の両班社会、さらに現代に至るまで、人治社会特有の特権階級は、李朝時代の両班から今日の大企業に至るまで、不正不公の構造が

変わることなく続いている。大統領一族だけでなく、代議士にもなれば、ほとんどが不正のかたまりとなる。北朝鮮のように、平等を原理とした社会主義体制をとっていても同様だ。金王朝の権力構造は、半島社会の奴隷制度の恒久性を象徴しているといえるだろう。ＯＥＣＤに加盟している韓国も、その社会構造はやはり新たな両班階級に支配されており、嫌なら祖国を捨てる以外にないのだ。小学生の試験競争から不正不公は当たり前になっており、学生の運命は賄賂で左右される。

幼稚園児の裏口入園資金は１００万～２００万ウォン（娘一人を売った値段に相当）。小学校なら２００万～５００万ウォン、高校は１０００万～２０００万ウォン、大学は１億～３億ウォンが相場となっていた（中央日報１９９３年３月13日付）。替え玉入学などの不正も跡を絶たず、金泳三《キムヨンサム》政権時代には当時の法務長官が娘の不正入学がらみで失脚したことさえあった。

入学後は教師に「大きな封筒《サバサバ》」を包んで良い成績をつけてもらい、教師も「課外学習」で大いに稼ぐのが慣例である。こんな環境に子供の頃からどっぷりつかっていれば、拝金主義・賄賂万能主義の人間になるのは当然といえるだろう。

賄賂が横行するのは教育界だけではない。94年の国会選挙では「三十当二十落（30億ウォンなら当選、20億ウォンだと落選）」といわれたほどだった。もちろんどこの国でも政治や選挙に裏金疑惑はつきものだが、歴代大統領がほとんど汚職や不正で検挙されている韓国は、やはり異常といわざるを得ない。

中華型中央集権体制国家は、賄賂が絶対避けられない社会であり、統一新羅の時代から1000年以上にもわたって賄賂がなしでは社会・人間関係は動かない。このような国風はほぼ李朝時代から完成され、伝統文化となって今日に至っている。90年代に入ってから政府から幼稚園児に至るまで現代韓国社会の原動力にもなっている。韓国では、2012年の国政選挙のように一挙に30人もの議員が起訴されたような珍騒動、企業不正はごく当たり前と考えられる。『サムスンの真実』（金勇澈《キムヨンチヨル》 著）という暴露本まで出版された。検事の不正も横行し、司法腐敗は日常茶飯事である。

そして、香港のシンクタンクPERCの2013年の調査報告書では、韓国の腐敗レベルは「アジア先進国の中でももっとも悪く過去10年間で最悪」と評価した。

外国に行っても、就職しても、またスポーツの世界でも不正不公こそ韓国人のビヘイビアであり、世界規模のイベントに韓国人が絡むとトラブルが絶えない。彼らの賄賂と不正は世界的に有名である。

また、幼稚園時代の風習から韓国人留学生は、北京大学をはじめとする海外の留学先でも、成績を上げるために教授に賄賂を送ると有名だ。大企業に就職するには、「お礼」が欠かせないのがいわゆる「韓流」でもある。

台湾でも、韓国人が絡んだスポーツの不正はしばしば台・韓両国衝突の種となっており、高雄市と釜山市の姉妹都市関係が絶交になったのもスポーツが原因だった。「韓国人は世界一汚い手を使う」というイメージは、スポーツでも企業でも定着している。

2020年のオリンピック開催地をめぐっても、韓国は福島の原発事故処理を理由に日本の足を引っ張ろうとした。日本人もようやく韓国人の国民性を悟ってきたようである。

2013年には国連の潘基文《パンギムン》事務総長が日本の憲法改正論議に関して、「正しい歴史（認識）が、良き国家関係を維持する。日本の政治指導者には深い省察と、国際的な未来を見通す展望が必要だ」と述べた。明らかに韓国政府の見解に同調した発言であり、中立性を守るべき国連憲章に反するとして、日本政府からもその不正不公が指摘されている。

米国留学歴のある潘氏は親米派と見られていたが、反米派の盧武鉉政権が誕生するや、たちまち反米派に転じている。

2005年3月、盧大統領が「対日外交戦争を辞さず」「日本の覇権主義の意図は、座視できない」という外務省を無視した対日ドクトリンを発表した。当時は外交通商部長官(外務大臣)だった潘氏はこれに反対するどころか「大統領発言の事後バックアップ」に奔走している。またその直後、外務省スポークスマンは「我が省に親米派は一人としていない」と異例の声明を出した(2005年4月)。

2007年に事務総長に就任すると、国連の主要ポストに相次いで韓国人を起用、「縁故主義」と非難された。特にインド国籍の娘婿をイラク支援ミッションの官房長に抜擢した際は、国連職員労組が総長批判を採択している。

またアフリカの人権問題には口出しする割に、中国には何もいわないなど、国連トップとしての中立性が疑われる面も多々見受けられる。目下には高飛車な反面、目上に対してはイエスマンの事大主義は、まさに両班意識むき出しである。

潘事務総長誕生以来、「韓国人が各国公認の世界大統領となった」が韓国のウリナラ自慢になっている。しかし以前からだけでなく近年も、事務総長はペルー、エジプト、ガーナなど常任理事国以外の開発途上国から選ばれるのが慣例であり、世界大統領というのは買いかぶりもいいところだ。

台湾では「国連始まって以来、最も評判の悪い事務総長」「口が軽く、国連の議事録すら読まないし、知りもしない無知な人物」「事大一心を吠えるだけの中国の犬」として、韓国人の性格を代表する存在というイメージが広まっている。こういう人物が国連の中枢にいること自体が問題ではないだろうか。

永遠に繰り返す反日の嘘

韓国には現在、ソウルの日本大使館前に従軍慰安婦像があるが、それよりずっと前から存在している反日定点スポットが、朝鮮総督府時代の凄惨な拷問の様子を蝋人形で展示した「独立記念館」だ。映像などにもよく登場する名所だが、館内の展示は日本ではなく李朝時代の刑罰の集大成であり、「すりかえ」ともいえる。

儒教国家は基本的に人治社会である。法が人を治める法治ではなく、忠や礼を振りかざす権力者が愚民を治めるシステムであり、『礼記』にいう「礼不下庶人、刑不上大夫（礼は庶民に必要なく、刑は役人には必要ない）」状態は避けられない。その結果、必然的に圧政や厳罰がまかり通るようになるのだ。

李朝末期の司法や刑罰の実態を垣間見た外国人の証言を、いくつか紹介してみよう。

「監獄は呪詛のまとであり、拷問は自由に行われ、周期的な監獄清掃に際しては、一時に数十名の囚人が絞首されてしまい、裁判は売買された」(F・A・マッケンジー『朝鮮の悲劇』)

「こんな状況がまだこの地球の片隅に残されていることは、人間存在そのものへの挑戦である。とりわけ、私たちキリスト教徒がいっそう恥じるべきは、異教徒の日本人は朝鮮を手中にすれば真っ先にこのような拷問を廃止するだろうという点だ」(グレブスト『悲劇の朝鮮』)

このグレブストの予言は的中した。朝鮮総督府は階級制度による身分差別の撤廃、公私奴婢の廃止と解放、女性再婚の自由と保障、笞《ち》刑の廃止、罪人連座法(犯罪者の親族まで罪人とされる法律)の廃止など、前近代的な法律を大整理した。こうして法治社会の確立、個人の独立、人権の尊重といった近代法治国家の概念が導入されたのである。

日韓関係を語るに際し、多くの人は法治国家としての日本と今なお人治国家である韓国との文化の違いに対する視点を欠いているといわざるを得ない。日本は開国維新後、近代諸法に基づいて近代法治国家・近代国民国家として成立した。しかし日本はすでに古代から、法治国家としての国のかたち、日本なりの遵法精神を確立していたのである。

聖徳太子の憲法十七条をはじめとする律令の歴史はそれほど古くないものの、半島や大陸の人治社会と違い、日本は法治を文化の一大特色としてきたのだ。

たとえば江戸時代には「大君も大名も、乞食までも唯一共通に守るのは法」と、西洋人を驚愕《きょうがく》させている。ただ、日本人の法秩序と遵法精神は西洋とも異なっている。

イギリスの法治は貴族社会との妥協の産物であり、フランスは革命によって君主から法治を奪い取った。日本はこれらの絶対君主制とは違い、天皇という超越的存在があってこそ生まれた万民平等の法の精神を有してきたのである。

明治時代以降において、日本の司法を象徴する事件が大津事件だ。

1891年、ロシアの皇太子ニコライ（後のロシア帝国最後の皇帝・ニコライ2世）が来日した。日露戦争直前期という緊張のさなか、ロシア公使は滞日中の安全を危惧し、青木周蔵外相は「万が一の場合は日本の皇室に準じて処分する」と約束していた。そして5月11日、滋賀県大津で皇太子が警備巡査・津田三蔵《つださんぞう》に切りつけられ負傷する事件が起こる。

ロシアの対日感情悪化を恐れた政府は犯人に死刑を要求したが、大審院長の児島惟謙《いけん》はこれに屈せず、謀殺未遂罪として無期徒刑の判決を下している。もし津田が死刑になっていれば、ロシアの圧力がかかったとして世論の反露感情が高まったであろう。児島は司法の独立を守り抜き、法治国家として罪刑法定主義（犯罪の認定や刑罰の重さは、既定の法律によってのみ定められるとする主義）を断固貫き通したのであった。

総督府時代の台湾でも、司法の独立が公的に認められた例がある。

台湾総督府の高等法院長に就任した高野孟矩《たけのり》は、ある時一方的に職務を罷免される。しかし高野は「裁判官の身分は憲法によって保障されている」と主張して抵抗を続け、帝国議会も巻き込んだ憲法問題に発展する。最終的に処分は取り消されなかったものの、政府は司法官の地位が憲法で保障されていることを認めた。この高野事件も、日本の三権分立と法の精神を代表している。

日本では維新以前から法の秩序と法の精神が官民で共有されており、例外は誰であっても許されなかった。そして明治時代には、早くも『万国公法』が学校教育で採択されていたのである。

戦後韓国は「日帝36年の七奪」として日本人の土地略奪などを指摘しているが、このような違法活動などあり得ない。韓国の反日のお題目については、日本法治社会・文化の観念からチェックする必要があるのだ。

「絶対無謬」という過信

韓国は大統領が交替するや、すぐ中国あるいは先代の真似をして日本政府に「正しい歴史認識」を押し付けてくるのが、もはや年中行事のようになっている。日本政府もパブロフの犬の如く、条件反射的に「反省と謝罪」を繰り返してきた。これが80年代後半から続いてきた日韓の政府関係だ。そして結局韓国側から「真心がこもっていない」と叩かれ、「今回で最後」と言いつつ大金をむしり取られるのである。1998年10月に金大中大統領が訪日したさい、「もはや過去について論及することはない」と言明した。もちろん盧《ノ》泰愚《テウ》大統領も同じことを言った。「日韓共同宣言」で「反省とお詫び」を明文化までさせられた。そして「援助」という名目で30億ドルまで金大中大統領に取られてしまったのだ。

金はとれなくても、韓国の留学生などはしばしば独善的な意見を誰彼かまわず押し付けてくる。自分の考えこそ絶対無謬《むびゅう》（理論や判断に間違いがないこと）なのだと信じ込み、周りから嫌われたり喧嘩になったりする場合も少なくない。

私も何度か経験しているが、彼らはあまりにも我執が強く、一人でいるとトラブルが絶えない。

たとえば私の論文について「日本と書くのは間違い、日帝と書くべきだ」と、おそらく好意のつもりでアドバイスされ「君の論文ではない、口を挟むな」と一喝してもしつこいので「博士号がもらえなくなるぞ」の一言で黙らせたこともある。自分の利害が絡むと途端に平身低頭するのも彼らの特徴である。

60年代、私たちのアジトをよく訪れてくる韓国人牧師がいた。「日本人に対し、外国人の漢字の名前や地名を日本語読みさせないこと」について共闘を求められ、何度断っても聞く耳を持たず延々と自己主張され、ついにたまりかねて「邪魔だから出ていけ」と怒鳴りつけて締め出した。それから扉に鍵をかけて「あいつが来ても絶対開けるな」と仲間に話した思い出がある。

それにしてもなぜ韓国政府は、これほど「反省と謝罪」を要求せずにはいられないのだろうか。それはやはり「反日は金になる」からである。繰り返し行われるのは味をしめたからだろう。しかし執拗に日本に「正しい歴史認識」を求め「靖国参拝をやめろ」などと押し付けてくる理由はやはり一つだけではない。

韓国政府のみならず韓国人の言行の根底には「自分は絶対無謬だ」という過剰な自信があるからだ。自分の意見で世直ししてやろう、という意図もあるように思われる。

しかし日韓は社会の仕組みがまったく異なるため、どんなに日本が譲歩しても問題を根本的に解決することはできない。

韓国社会は一元的、つまり全体主義であるから、異なる考えや価値観を認めないのだ。「親日」というだけでも法的に許されず、実際に殺される危険さえある。

日本では韓国政府のいう「正しい歴史認識」に反日日本人が同調し、多くの学校教育の場でそれに基づいた歴史教育が行われている。それでも日本人全員が「正しい歴史認識」に同意しない限り、韓国側は満足しない。

しかし日本は昔から多元的価値観を認知する社会である。伝統的なこの価値観を放棄してまで全体主義的教育を行うことなど、どんな強権を振るっても絶対不可能だ。まして韓国の歴史教育は極めてレベルが低く、創作も多々交じっているので、「歴史というよりファンタジーだ」といわれるほどだ。だから歩み寄りなどとうていかなわない。

私が小学校から高校までの間に台湾で受けたのは「中国共産党は共匪」「中国は朱毛（毛沢東とその盟友・朱徳）匪邦（土匪の国）」「人民共和国政権は偽政権」という、徹底した国民党教育であった。

当の中国の教育内容も、自国に都合のいいものである。農民反乱を「起義」（正義のための革命、義戦）と言い換えて美化する一方、歴代王朝による対外拡張や北方民族の侵入は「侵略」とはされていない。侵略史観をあてはめられているのは日本くらいのものである。

その一方で近現代における共産党は徹底的に自画自賛され、日中戦争の主役であったはずの国民党軍はほとんどなかったものとされている。

韓国の教科書はというと英雄だらけで、テロリストの安重根まで悲劇の英雄扱いだ。さらに、1982年に作曲された「独島は我が領土」という歌は1996年に、「韓国人女性が日本軍によって慰安婦にされた」は1997年から教科書に記載されるようになっている。つまり、国民にこれらの内容が周知徹底されるようになったのはごく最近であり、政治的な意図が強く感じられる。

国家が自国よりの教育を行うのは当然のことであり、例外は日本の自虐史観教育くらいだろう。しかしそれは国内でしか通用しないことを理解せず、「間違いを正してやる」という態度で他者（特に日本）に接するのは、いい加減にしてほしいものだ。

第五章　韓国の国家破産はなぜ避けられないか

韓国は3度目の国家破産を避けられるか

大航海時代後は、国の「かたち」をも揺るがす大きな変化が地球規模で起こった。産業革命と市民革命を経て、イギリスやフランスのような近代国民国家が生まれ、西洋の優位が確立するとともに列強も形成されていく。

一方、朝鮮半島は統一新羅以来、1000年以上にわたって中国大陸の歴代王朝との宗属関係を続けていた。「東洋最後の秘境」の座を保ったまま、アヘン戦争、清朝の開港、日本の開国を経て、1876年の江華島条約によって開国せざるを得なくなる。

李朝朝鮮は高麗朝から王位を簒奪して以来、500余年にわたって存続した長命な王朝であった。とはいえ建国以来続く朋党の争いや末期の「三政紊乱《びんらん》」（田政＝地税、軍政＝兵役、還政＝国営高利貸制度という農民への収奪制度）によって王朝は危機に瀕していた。

19世紀末、国王の父・大院君と王妃である閔妃《ミンび》が政争に明け暮れている中、国家を支える財政はすでに破綻し、土地や資源など抵当になる財源は列強に押さえられ、事実上の破産状態だったのだ。ことに王室と国家の財政の区別があいまいで、王家の負債（財政赤字）は正祖《チョンジョ》（1776〜1800）の時代から100年以上続く病であった。まさに倒産状態で、目賀田種太郎による財政改革という緊急手術が必要だったのだ。

目賀田は地方に税務官（後の税務署）を置き、不正防止のため監察使を設置した。さらに全国調査で戸数や隠結《おんけつ》（隠田）を割り出し、正確な徴税を可能にしている。金本位制度の確立、中央政府と地方官庁の年間予算の編成・実行・会計法の励行《れいこう》、財政・徴税機関の改革、専売制度、幹線道路の改修など、その業績は多岐にわたっているのだ。

近代国家運営のために、合邦前の朝鮮は3000万円の予算編成を必要としていた。しかし750万円しか歳入がない状態では手が届かなかったため、日本政府が内地の税収を「補充金」、差額を「立替金」として捻出している。

李朝朝鮮は日清戦争後に大韓帝国と国名変更したものの、財政はじり貧状態であった。列強と露清の合意の後、日韓双方で喧々諤々《けんけんがくがく》の議論の末、「同君合邦国家」が選択されたのだ。ある意味企業の統廃合と同じであり、当時としては時代の潮流に沿った「国のかたち」であったのだ。

こうして朝鮮総督府の施政下で半島は辛くも生き残ったのだ。数字から見ても、総督府の前身である朝鮮統監時代を含めて、半島は総財政支出の平均15～20%の補填《ほてん》を受けていた（大正9年を除く）。その財源は当然、日本国民の税金である。

ほぼ同時代の中国では、西北大飢饉で1000万人、河南大飢饉で400万人が餓死している。この前後の8年間では水害と旱魃《かんばつ》に見舞われ、被害者は3億にのぼった。こうした歴史にも目を向けなくてはならない。

李朝末期が1度目の国家破産とするなら、2度目は1997年だ。アジア通貨危機を受けて韓国の金融や経済は破綻、IMFの管理下に置かれた。韓国の良識派はこれを「第二の国辱」と自嘲したが、何でも他人のせいにするメンタリティの持ち主である韓国人は「日本は韓国を見殺しにした」と恨み言を言っている。これも事実無根で、ニーチェのいうルサンチマンにあたるであろう。

IMF下で一種の経済植民地となった韓国は、約20年を経てまたも大きな国家破産の危機に直面している。「韓国経済は危ない」という声は今や「日本は韓国に学べ」の声を圧倒しているが、どこがそれほど危ないのだろうか。

IMFの介入によって行われたのがビッグディール（大規模事業交換）である。過当競争で疲弊していた各企業を分野ごとに集約して一社にまとめるというものだ。日本でいうならトヨタ、ホンダ、マツダなどをまとめて一社にしてしまうようなもので、その結果起こったのが極度の寡占市場化である。すなわち10大財閥に国富の8割が集中するという事態が起こっているのだ。世界的に有名な日本企業は？　と聞かれれば日産、スズキ、ソニー、パナソニック、東芝など次々と名前が浮かぶ。しかし韓国企業と聞かれてサムスンやヒュンダイ以外の名前があまり思い浮かばないのは、この寡占市場のせいでもあるのだ。

それに加え、ＩＭＦによる破綻処理の過程で企業や金融機関の大多数が外資に売却され、株主のほとんどを外国人が占めている。ＩＭＦはかつての日本とは違い、債権回収のためには手段を選ばない。産業を一社に集約することで利益が上がり、市場での競争力が高まっても、潤うのは海外の投資家ばかり。日本の高度成長期のように「一億総中流」的な形で庶民が利益を得ることはないのだ。このあまりにも不自然な経済モデルがいつまでも続くわけはない。

古代文明から近代文明へ突然変異した奇跡

『古事記』などには、百済から渡ってきた王仁《わに》博士が日本にさまざまな典籍を伝えた、という記載がある。そこから「王仁博士が日本人に漢字を教えた、我々は日本に文化を教えたのだ」というウリナラ自慢が始まった。しかし「大国人《テククニン》」のお国自慢は小中華より一枚上で「日本文化は中国文化の亜流（韓国文化）の亜流」となる。

そもそも両班は自国文化を軽んじ、ハングルの存在さえ恥じていた。民族衣装のチョゴりの起源もモンゴルであり、オリジナルの文化ではない。そして現在、生活からいくら倭色文化を排除しようと無理な話で、韓文化といえばほとんどパクリである。

日本は江戸時代には貨幣経済や商品経済が発達し、インフラも道路などのハードウェア、教育の普及によるソフトウェアも整備されていた。儒学者の朱舜水は明末期に日本に亡命して水戸藩の賓客となり、日本の封建制に触れて「周の時代のユートピアをこの目で見た」と感激している。

対して朝鮮は7万の村で構成される自給自足社会で、唯物史観の見地でいっても封建社会の発展過程さえない、縄文時代か石器時代に近い「古代奴隷社会」そのものであった。中国の近隣でありながら黄河文明以前にも似た状態だったのには驚くほかない。

道路も貨幣も市場もなく、産業らしいものもなかったのだ。当時の様子は李朝末期に訪れた西洋人の伝教師ら、農耕については丁若鏞《チョンヤギョン》の『牧民心書《モンミンシムソ》』に詳しく書かれている。

「試みに税米の事を言えば、戸曹（大蔵省）に納めるのは一千石だが、実際に邑民（村民）から徴したのは四千石以上である。奸吏《かんり》はその中に在って、隠結（隠し田）で納め、官結で除き、低価で買い上げ、或いは米の量を誤魔化したりする。初秋以来、沢山の米がいずこともなく消えて行った。奸吏はそれぞれ懐を肥やして了《しま》ってから、その残りの米を王家に納めるのだ。その王税に充《あ》てる米はいずれも一家零落《れいらく》、貧窮《ひんきゅう》惨澹《さんたん》たる小農から笞《むち》で打ち、枷杻を加えて取り上げたもののみである」

「秋になると、地主が黙って収穫の半ばを割いて取る。収穫六百斗にして残るもの三百斗、その中から翌年の種子を除き、借財を払えば、あますところは百斗に満たぬ。しかも賦税《ふぜい》の剥奪《はくだつ》この極みに至る」（朝鮮叢書第1巻『牧民心書』）

農民に対する仕打ちとしては「切骨の病」「骨髄《こつずい》を剥《は》ぐ」、虐《しいた》げられた農民の姿は「其状、蝦蟇《がま》の水に浮かぶが如し」と描写されている。

人類史においても特異な古代奴隷社会のままの「生きた化石」朝鮮は、支那かぶれでありながら「大国人」にはなれなかったのだ。それは儒教と関係があると私は考えている。というのも、儒学の最大の特徴は「尚古主義」、つまり「昔はよかった」の骨董品趣味と似て、古ければ古いほどいいとされているからである。

韓流映画はカラフルな原色の衣装であふれているが、実は染色料がなく、白しかなかったのだ。宮廷医学にも巫医しか存在していない。大韓帝国の最後の皇太子となった純宗の妃は腹が膨れる病気を患い、国一の名医に見せた。結果「腹に悪霊（鬼）が棲《す》みついた」と診断され、城門の戸板をはがして煎《せん》じて飲まされたものの、結局死んでしまったという。

京城医専やその付属病院といった近代的な医療施設は、日本によって初めて半島に設立されたのだ。合邦後には、朝鮮総督府によって大韓医院（のちに京城帝大付属病院）が設立され、半島における近代医学・医療発展の中心となった。

産業資本にあたる蓄積もほとんどなく、技術といえば陶器焼き程度、両班は朋党の争いに夢中で、近代産業のできる人材もゼロに等しかったのだ。

半島の経済史から空想や妄想を取り除けば、残る問題は「原始社会からいかにして文明開化し、殖産興業社会に至ったのか」ということになる。この劇的な変化については、次にあげるフランスの人文地理学者ジャーク・プズー・マサビュオーの『新朝鮮事情』が最も客観的に捉えている。

「朝鮮は日本の植民地政策と、組織的な経済近代化改革の影響をうけた後、再び独立の機会を得て、千年以上の間、農民の宿命であった不安定な境遇を改善することができた」

「現代の朝鮮人の目に、日本植民地時代の悪い面が伝統と独立に純然たる侵害として非常に大きく映っているのであるが、その反面、南北朝鮮の国家経済を著しく飛躍させるための基盤はこの時代に築かれたのであり、その成果もまた大きかったと言える。日本は約40年ほどの間に、きびしいやり方で、自然の脅威にさらされ、大きな工業設備をもたず、貧しかったこの農業国家を科学的な農業と様々な工業、そして活発な貿易を誇る経済の調和のとれた国へと変身させたのである」

韓国経済を見る歴史の目

私が西洋経済史の研究を選んだのは熟慮の結果であったが、その理由を一言でいえば、日本以外の東洋経済史の研究がほとんど不可能に近かったからだ。中国には歴代王朝の「正史」と称するものはあっても「食貨志」「五行志」「災異志」などには怪異譚などいいかげんな記述が多く、「通典」のたぐいも法規や律令ばかりであった。他に歴史といえば士農工商の「士（官僚）」や政治のものに限られていたのは、社会経済史がほとんど取るに足らないものと考えられていたからである。

日本民俗学の開祖・柳田国男は「考古学は死人の骨と腐らない金石を掘って叩くのみ、歴史学は英雄の歴史のみで常民の歴史がない」と批判しているが、それなりの理由がある。

韓国人学者にはいいかげんな人間が多く、「唯日史観」の呪縛からなかなか抜け出せないのだ。他律史観を否定するために「日本などない」という意識に常につきまとわれ、逆に「日本がある」ことを意識させられる結果になっている。

たとえば、もし日帝（統監府と総督府を合わせて40年）の搾取がなかったら、韓国経済はさらに発展し、世界のリーダーとして「超先進国」になっていた……こんな「科学的実証」に基づいた学説なるものがあるが、実に笑止千万である。

また「日帝時代のインフラは朝鮮戦争でほとんど破壊しつくされたのだから、韓国経済の躍進はすべて自力によるものだ」という主張もある。しかしその目的は「漢江の奇跡」における日本からの人的・財的・技術的支援を覆い隠すことである。嘘つきの根性はいったん根付くと一生抜けないのだ。

経済や社会の発展段階については史的・唯物論など100近くの説があるものの、はやらないせいもあって、最近語られることはない。私はよく「空間のスケールをもっと広く、時間のスパンをもっと長くすれば、全体像がよりはっきり見えてくる」とすすめている。

文化や文明だけでなく、社会や経済にも「比較」は欠かせない。「中国近代文学の父」と称される魯迅はしばしば「物を比較してみないと良し悪しは分からない」と説いている。

また魯迅は中国史の時代区分についてすべての学説を否定し、中国史を「奴隷史」と唱えた。そして①奴隷になろうと思ってもなれなかった時代、②しばらく奴隷になって満足する時代に二分すれば十分、と主張した。かなり極端ではあるがユニークで、参考になる。

歴史のスパンを意識するのは通時的な比較といえるが、もう一つ必要なのが同時的、あるいは並時的な比較である。

朝鮮の米産や人口が倍増したのは、焼畑など原始的な農業からの近代化、農林漁業の近代化、産業化といった「文明開化、殖産興業」の波に洗われたからであり、決して搾取や略奪の結果ではない。１０００年間宗主国だった中国のおかげでもなく、日本だからこそ可能だったのだ。韓国経済は他力本願でしか機能しない。こうして韓国経済は三段跳び、というより棒高跳びのようなカーブで急成長したのである。

「日帝40年」における日本の功績として、以前に他の著書でまとめた項目を整理してみる。

・朝鮮を中華の「千年属国」から解放した。
日清戦争で日本が勝利を勝ち取らなければ、朝鮮は独立国家どころか、今頃は「中国朝鮮省」になっていたに違いない。

・植物依存文明から、産業社会化による朝鮮半島の国土改造と生態学的更生を達成した。
日本政府は朝鮮に対し、財政補填や産業投資を行い続けていた。

・医療・衛生・環境改善および教育の普及によって、国民の民力と近代民族の育成に貢献した。

ソウル大学の前身である京城帝国大学は、内地の大阪大学や名古屋大学に先駆けて、1924年に創設されている。

・朝鮮を日本とともに世界へと雄飛させ、民族生活空間を地球規模へ拡大させた。日本と合邦したことで、朝鮮は「列強」の一角となり、世界で活躍する道が開けた。

・伝統的階級制度から奴婢を解放した。李朝朝鮮時代の厳しい身分差別は、日本による万民平等政策で撤廃された。

・朝鮮伝統文化を保護し、保存と再生を行った。王朝が交替するたびに前代の功績を否定し破壊しつくす半島で、文化財の保全・保護が積極的に行われるようになったのは、朝鮮総督府時代に入ってからのことである。

・朝鮮の民力を超えた近代社会を建設した。物々交換が中心で、商品経済もろくに発達していなかった朝鮮半島は、日本による数々の近代化政策によって一変し、文化、文明、産業がいっせいに開花した。

韓国経済のもっとも基本的な仕組みは事大経済

韓国経済における最大の原理は「事大」経済である。韓国経済の仕組みそのものが「事大」であり、他律的にしか動かない。他力本願なため創造性に欠け、対応力が弱いので、結果としてパクリが横行する。経済に限らず、政治や文化も他律的なのだ。

1000年以上もの間中華帝国歴代王朝の「藩屏《はんぺい》（王家を守護するもの）」として貫いてきた事大は精神にも土着し、血肉となっている。それは伝統文化や伝統精神、人生観や世界観、日常の言行における価値観にも染みわたり、韓国人の国民性となっているのだ。

近代経済学から韓国人の経済的行動を観察・分析するのは容易ではない。経済の仕組みや原理が根底から違うので、経済学者よりビジネスパーソンの方が経済事情に詳しく、対応力でも勝る。

韓国経済を知るには、経済学ではなく政治経済学、さらに文化政治経済学といった超経済学、いわば「総合科学」の学が必要になる。多くの韓国経済人はほとんど常識はずれの超経済的手法から財を成している。

パクリによる盗賊経済原理や、政治との一蓮托生（癒着）ぶりといった病巣も、韓国経済の実態を物語る一側面なのだ。

朝鮮戦争後、韓国は壊滅状態から一転、「漢江の奇跡」と呼ばれる経済成長を達成する。元手になったのは1965年に日韓基本条約が締結された時に、日本が提供した資金援助であった。その額は有償・無償合わせて総額8億ドル、現在の物価でいえば1兆～2兆円に当たる。当時の韓国の国家予算が約3・5億ドルであり、その2倍以上にあたる金額である。一般家庭でも、年収の2倍以上の金が急に入ってくれば、生活が一気に豊かになるのは当然といえるだろう。

朴正熙《パクチョンヒ》大統領はこの資金によって経済開発五カ年計画を進めた。他にも民間技術者による技術指導によって、地下鉄や高速道路、上下水道などのインフラ整備が行われたのだ。「漢江の奇跡」のシンボル的存在でもある京釜高速道路も、この時の産物である。

アジアＮＩＥＳが生まれたのは、日米とのトライアングル貿易（三角貿易）の結果である。１９９７年のアジア通貨危機まで、台湾経済は世界経済で大きなウェイトを占めていた。台湾の巨大産業は党営（国民党経営）に独占され、中小企業は海外に活路を求めて、人類史上最長の高度成長という奇跡を成し遂げた。しかし90年代に入って、対中国投資が総投資の80％を超え、資本や技術、人材の海外移転によって産業空洞化が昂進し、今に至るまで没落を続けている。

その後、ＩＭＦの管理下で韓国経済はほとんどが巨大企業に独占され、金大中《キムデジュン》大統領は中小企業創出に意欲を示した。しかし通貨危機で経済は破綻し、国家破産状態に至る。それでも韓国にとっては「人間万事塞翁《さいおう》が馬」なのだ。

その後、ＩＭＦの管理下で韓国は経済植民地に転落したものの、むしろ本来の仕組みが再機能したといえるだろう。事大経済が機能しない限り、韓国経済も生き残れないからだ。

日韓合邦時代の近代化も、戦後の、「漢江の奇跡」も、すべて日本に「おんぶにだっこ」の事大によって達成したものだ。しかし韓国人は「日帝の搾取から自力で立ち直り、高度経済成長を達成した」と勘違いしている。「事大」か「チュチェ」か南北の経済実験はきわめて対照的である。そこには理想・理論と現実のギャップがあるのだ。それは半島にかぎらず、中国大陸の毛沢東時代の「自力更生」と鄧小平の改革開放以後の「他力本願」からの経済急成長も歴史的教訓として極めて示唆的ではないだろうか。

その理由は、政府が国民に事実を一切教えていないからだ。反日を国策の旗印として利用し、日韓基本条約の存在すら２００４年まで公表されなかった。

１９５１年の予備会談から７回にわたる日韓国交正常化交渉のすえ、65年に調印された「日韓基本条約」で、日本政府が大韓民国を朝鮮半島における唯一の合法政府と認め、個人の未払い賃金を含む一切の対日請求権を放棄、その代償として5億ドルの無償・有償協力資金を支払うこととした。中でも第６回会議（昭和37）の取り決めに基づき、請求権問題が「完全かつ最終的に解決された」とまで明記されている。だが、外交文書が公開されたのは、2004年、市民団体が起こした行政裁判で、国が敗訴した後、盧武鉉《ノムヒョン》政権の「歴史見直し」政策からである。しかも当時の盧武鉉政権が政府のHPに載せただけなので、一般に知られていないのは当然である。

まして「漢江の奇跡」を起こした朴正煕の娘・朴槿恵《パククネ》が「日本への恨みは1000年経っても消えない」など妄言を吐いているのには、あきれを通り越して感心するしかない。

朝鮮半島の地政学・生態学的条件から生まれた独特の経済の仕組みを見るには、統一期の李朝、そして戦後長期にわたる南北分断こそ絶好の資料となるであろう。

北の朝鮮は自律の原理を強調するために「チュチェ」を掲げたもののかえって経済が破綻し、民衆は北の恫喝文句である「火の海」の中にいる。一方南の韓国は「事大」経済によってIMFの管理を受け、欧米日諸国の資本支配下にある。だからこそ台湾のような産業空洞化を避けられ、中国投資の泥沼にもはまらず、いざとなれば夜逃げするという手段で、巨大企業のおこぼれにすがって生き延びているのだ。

日経新聞はよく「韓国経済に学べ」という論説を載せているが、極めてピントはずれの主張である。記者は語学の勉強もろくにしておらず、現場に行くより日系の商社に教えを乞う程度の取材しかしていないのが見て取れる。何かの後ろめたい関係があるのではないかとも思われたので、私は日経新聞の購読を10年以上前にやめている。

資本から見た韓国経済の実態

中華の国は、経済について共通の経済観（意識）を持っている。それは大中華も小中華も大して変わりなく、「経済＝金儲けの法則」という発想しかないというものだ。そもそも「経済」は「歴史」と同じく和製漢語である。中国でもeconomicsの訳語として「計学」「算学」といった新語を創出したものの、やがて「経済」が一般に定着するようになった。

また大小中華とも、自然の摂理と社会の仕組みからくる「生態学的」現象として、公共財や国富を私富に変える傾向がある。そしてそれを国内に投資するのではなく、カネもヒトも国外に脱出させてしまう仕組みになっているのだ。

祖国からの資本流出は通称キャピタル・フライトともいわれている。このキャピタル・フライトの約半分を占めているのが中国マネーであり、近年は倍増、倍々増の勢いを見せている。世界的金融機構であるＧＦＩによると中国は２０００年から２０１１年にかけて、３兆７９００億ドルの資金が海外へ流出したとされている。

人民共和国以前には蔣介石をはじめとする「4大家族」の場合、いったん国外脱出すると二度と戻ってこない。改革開放後の資本大脱走のうち、約40％は外資に化けてしまったのだ。対中投資もあるが、「中国に入った金は（国ではなく）自分のもの」というのが中国人の金銭感覚であり、あの手この手で流出を阻止する。

西原借款（1917年から日本政府が中国内閣に多額供与を行ったが、回収不能となった事件）はその一例としてよく知られている。小中華の韓国人も同じで、借りた金は自分のものであり返す必要はない、というのが常識になっているのだ。

マネーロンダリングの手段は大小中華とも似たり寄ったりだが、韓国の方は完全に外資に支配されており、キャピタル・フライト以上に危惧されるのが外資の撤退（引き揚げ）である。

改革開放後の大中華は、以前の「世界革命、人類解放」に代わるスローガンとして「全球化（グローバル化）」を掲げている。グローバリズムの申し子としてBRICs（ブラジル、ロシア、インド、中国）が台頭するようになったのは何とも皮肉である。

小中華の方はさらに早く、東西冷戦終結後からグローバル化を強調していた。しかし韓国はアジア金融危機で経済破綻し、グローバル化の結果としてIMFの管理下に入った。

現在、サムスン電子、ヒュンダイ自動車、製鉄会社ポスコの3大輸出企業の売上規模は合計約360兆ウォンに達し、これは韓国のGDPの30％に相当する（サムスンとその関連企業だけで22％）。ちなみに日本最大企業のトヨタの売上はGDPの4％だから、規模の違いが分かる。

このように、GDPの8割は10大財閥に押さえられ、その財閥が西洋の経済植民地の番頭的存在になっているのだ。IMFの管理を受けていない企業はほとんど倒産し、失業者は300万人にのぼっている。個人債務は実質100兆円を超え、成長率も下降して、外資系産業も逃げ出しつつあるのだ。

60年代から90年代にかけて、計6000億円の円借款が実施され、韓国経済を下支えしてきた。しかし日韓関係が（もっぱら韓国側の反日が原因で）冷え込みつつある今、これまでのような日本の積極的支援は期待できないだろう。

朴槿惠大統領は「第二の漢江の奇跡を成し遂げる」と豪語しているものの、経済的な根拠や具体策は一切示されていない。そして現実は2013年上半期の財政赤字4兆円という悲惨なものであった。

2008年のリーマンショック以降、中国に進出した韓国企業では営業不振やトラブルが相次いでいる。韓国系のロッテ百貨店やイーマートも撤退や店舗縮小を進め、企業の夜逃げや給料不払いは跡を絶たない。

好調に見えるサムスンも、利益の70％近くをスマートフォンが占めており、中国企業の進出に圧《お》されてシェアが下がりつつある。韓国経済に対するサムスンの影響力を考えると、サムスンの没落は韓国の没落に直結しかねない。

韓国に残された手段は、従来の安売り価格をさらに引き下げた叩き売りしかない。3度目の国家破産に至った時、誰が吸収合併して財務処分を引き受けるのだろうか。北の朝鮮か西の中国かは分からないが、日米欧にとって韓国はまったく魅力がない。どこも火中の栗は拾いたくないであろう。

目の前に迫る3度目の国家破産

韓国経済にはいくつかの特色がある。自力で発展した近代経済ではないという「事大経済」以外にも「両班経済」「盗賊（火賊・草賊）経済」的な性格がきわめて強いのだ。

北朝鮮はかつて「崩壊寸前」とたびたび予想されていたが、いくら餓死者が出ても強靭な生命力を持ち、3代に至る王位継承に成功している。

しかし半島には、少なくともこの1世紀の間に2度の国家破産に直面している。自力で成長することはほとんどなく、いわゆる「おんぶにだっこ」で大きくなったため、体力はない。国家破産の最大の要因は、内外環境の変化に弱いことであろう。

国家破産状態だった李朝は、列強をはじめ万国の要請で日本に引き取られ、孤児として育てられた。２度目の国家破産の際はＩＭＦに引き取られている。

しかしその後20年足らずで、韓国経済の危機は再び表面化している。ではいったいどこが危ないのか、３度目の国家破産は避けられるのか。韓国の末期症状について診断してみたいと思う。

①ＩＭＦの「経済植民地」化で、大企業の株主の約半分が外資の支配下に置かれているのはすでに常識である。２０１２年の韓国交易所の数字を見るとサムスンは47・５％、ヒュンダイやポスコも50％近く、金融機関の７～８割が外資に押さえられているのだ。財閥のオーナーは莫大な配当金を持っているが、儲けはほとんど海外に流出している。北朝鮮から「韓国はアメリカの植民地だ」と非難される状態で、韓国の市場は魅力を失っている。経済危機の深刻化につれて外資が競って逃げ出しており、破綻は秒読みの段階な

のだ。

②韓国経済は対外依存度が常に100％を超える状態である。日本のように内需の大きい国とは違い、国内市場が小さすぎて内需拡大はほとんど絶望的だ。実質GDP成長率は220カ国中135位と低下を続け、GDP成長率もゼロに近づいている。国際競争力も25位と、通商国家としての韓国は終わりつつある。

③韓国製品の唯一の競争力は「安さ」のみであり、活路はダンピングしかない。近年競争力を維持できたのは、為替レートでウォン安になっただけのことだが、アベノミクスでウォン安も崩壊しつつある。だからこそ、アベノミクスへの憎悪も極限に達している。

④韓国には古代から、正確な数字の観念が存在しない。近年になっても、発表される数字は目的と都合に合わせて捏造されたものばかりである。「800万人の強制連行」「20万人の従軍慰安婦」など、根拠のない数字を語らせたら世界一ではないだろうか。政府の公式数字では、15歳から64歳の生産年齢人口で失業率は2・8％、民間シンクタンク現代経済研究院は12・5％と開きが大きく、そもそも韓国政府の公式数字についての国際的信頼性は高くない。

現代経済研究院の2013年10月の数字によれば、実質的失業率は20％以上、失業者数は300万人以上と、公式の統計数字とはまったく違っている。国内経済の後退、中小企業の相次ぐ倒産によって、さらに増加していくだろう。国内にくすぶる不安は時限爆弾となり、政治への不満と社会犯罪につながる。賃金は下がる一方、個人も企業も借金地獄にあえぐ中、老人の貧困率は45％に達している。自殺率もOECD加盟国で1位と、3度目の国家破産は確実に迫っているのだ。

日本は二度と助けなくていい

「千年属国」の歴史文化を持つ半島の国は、その独自のメンタリティとビヘイビアのために、日本のように独立自主を目指す国にとって厄介な隣人であることは確かだ。

日本の開国維新前後の時期における「衛正斥邪」を唱えての異常な行動や、現在の朴《パク》大統領の告げ口外交のごとき奇行に対し、厄介だと感じる日本人は少なくないだろう。正常な日本人なら「一国の大統領なら、もっと大事なことが他にあるだろうに」と思うだろうが、そうでないのが韓国人である。

韓国人のビヘイビアを規定する最も根源的な動機付けは「恨《ハン》」である。「衛正斥邪」の「邪」とは、自分以外のあらゆる異人・異見・異心を意味し、それをすべて退けようという発想は、朱子学の唯我独尊からくる排他性そのものなのだ。「反日・斥倭」や「崇儒排仏」、果ては新大統領による前任者の粛清なども根は同じで、朴大統領の奇行も当然の行為ということになるのだろう。

韓国人を隣人に持つと、日本人相手に限らずトラブルになりやすいのは常識とされ、敬遠されるケースも多いようだ。誰にとっても厄介な隣人なのである。

ただ隣国がどんな相手だとしても、国ごと引っ越すわけにはいかない。日韓の腐れ縁は宿命と考えるしかないだろう。

ではいったいどう付き合えばよいか。明治初期、当時の時代環境を考えあわせた代表的な考察としては、樽井藤吉の『大東合邦論』と福沢諭吉の『脱亜論』がよく知られている。

李朝末期の国家破産における債務処分をめぐり、日本は「東方の永久平和のため」という大義名分のもと、万国の合意によって日韓合邦を余儀なくされた。火中の栗を拾うことになった日本は、この「世界の孤児」を見事に育て上げたものの、戦争に負けた途端「日帝の侵略」と非難を浴びた。もう関わりたくないという日本人も多いであろうが、相手は懲りていない。

2度目の国家破産において、IMFが債権者となって韓国を引き取った。しかしIMF

は思いやりある日本と違い、面倒を見きれないとなればすぐに手を引くだろう。そして3度目の国家破産は目前である。

韓国は自前の技術が乏しくレベルも低いのだが、「動かない・働かない」は両班の誇りでもある。それはここ100年来、ほとんど変わっていないのだ。

台湾の学生は商工科を選ぶ者が多いのだが、韓国人は商工を軽蔑し、文科系に偏りがちだ。台湾の留学生で博士号を取るのは90％以上が理系、韓国はその真逆だ。

韓国社会は1000年にわたって事大と他律を定番にしており、創造や開発に興味を示さない。むしろパクリを早道と考える。大中小企業ともパクリで成り立っているため、知的財産権をめぐって訴訟が絶えず、賄賂で成り立っているのも特色の一つである。これが韓国特有の「草賊経済」の体質でもあるのだ。

韓国製品の中枢部品はほとんど日本製で、高度な部品を作れない。スマートフォンや半導体でも、中枢部品の多くを日本からの輸入に頼っている。日本貿易振興機構（ジェトロ）の調べでは、2012年の日本商品別輸出総量の53％を資本財が占めている。サムスンやヒュンダイなどの主要企業はこれらの資本財輸入に依存しており、韓国が戦後一度も対日貿易で黒字になっていないのはそのためである。資本も技術も事大しない限り、生存できないのは1000年の掟でもあるのだ。

韓国が危ういということは、国家と個人債務の急増という数字からも見られる。2013年の末で1053兆ウォン（約101兆円）と国家債務が急増、GDPの80％まで達している（中央日報日本語版2014年2月15日付）。家計債務も2004年に比べ2倍に膨らんでいる。

一世帯あたりの債務は、5836万ウォン（約572万円）となった（朝鮮日報日本語版2014年2月15日付）。国も個人も債務を債還する能力が低下したというより、夜逃げや祖国からの大脱走しかない。国家破産の危機はすでに韓国の前に迫っている。

3度目の国家破産にどう対処するべきか。荒波に呑まれそうになっている韓国は、小舟を捨てて大きな船にしがみつこうとしている。日本もIMFももうこりごりだろうから、貪欲な中国や、帝国復活を目指すロシアに任せるのも一つの選択である。

米韓自由貿易協定（FTA）の締結後、韓国は実質的にアメリカの経済植民地になっており、軍事的にもアメリカ軍の保護がなければ北朝鮮に脅かされる一方だ。アメリカが韓国の保護者を北朝鮮や中露に変更するかどうかが、韓国の運命を決定づけることになるだろう。

第六章　だから日韓は分かり合えない

日韓が求める理想の違いから日韓関係を見る

価値観やアイデンティティが違い、さらに共有の課題や理想もなければ、いくら努力しても付き合うことは難しい。それは友人だけでなく、国家や民族も同じである。

日韓の間では歴史問題をめぐって、意見の相違から対立が生じている。これを根本から解決する策として「共同の歴史教科書を作ればいいのではないか」という意見が日韓双方から出されており、委員会で数度話し合いが行われたものの、双方の満足する結論には至らなかった。

根本的な理由の一つは、韓国側が歴史を「政治」として語りたがるのに対し、日本側は「学」として語ろうとすることだが、それだけではない。一国内でさえ史観を統一するのは難しく、史実を確証することさえそれほど簡単ではないのである。

そもそも日韓は社会の仕組みが異なるのみならず、求める理想も異なるのだ。たとえば日本が「和」（多元的価値を容認する共生、共存、共栄の思想）を求めるのに対し、韓国の理想は「同」（一元的で、相対的な価値を絶対に認めない大同、同一、同化、全体主義的思想）である。それはおそらく小中華として大中華から思想的影響を受けた社会の仕組みからくるのではないだろうか。

古代から続く儒家思想や老荘思想も「大同の世界」を地上のユートピアとし、近現代になっても孫文や毛沢東は、すべてを「同一」とすることを理想に掲げていた。

これに対し、近代西洋はむしろ多様性に価値を求め、そこから「民主」「自由」の思想が生まれた。洋の東西をめぐるユートピアの違いは、この対極的な「大同」と「大異」の違いに象徴されているといえる。「大同の思想」の現代語にあたるのが、いわゆる「全体主義」である。これは左のコミュニズムも右のファシズムも共有している思想の根源だ。

日本でも「小異を捨てて大同につく」という「大同団結」の呼びかけをよく耳にする。しかし「大同」を求めるのは、それなりに理想や夢の共有があってこそ可能なのである。そのために小異を捨てざるを得ないこともあるのだ。

しかし日本社会で最も根本的な仕組みにあたるのは「和」だ。それは聖徳太子の「和をもって貴しとなす」（憲法十七条）に限らず、はるか神代の八百万《やおよろず》の神々もそれを原理としてきた。縄文時代に生まれた共生の原理が弥生文化と融合、さらに仏教の衆生の文化とも習合して日本社会の仕組みを形作ってきたのだ。

こうした日韓の社会の仕組みから生まれた「和」と「同」の価値観の違いは教科書制度にも表れている。戦後日本の教科書は検定だが、韓国は国定である。北の朝鮮に「正しい歴史認識」を押し付けることは不可能としても、日本には押し付けずにいられない。日本が韓国に「正しい歴史認識」を強要しないのも「和」と「同」の違いによるものなのである。

人類史にはさまざまな「国のかたち」があった。都市国家や封建国家、世界帝国などを経て、近代以降は国民国家が時代の主流になっている。列強の時代に入ると、近代国家は強国・大国を目指して「同君同邦国家」化するようになった。連合王国イギリス、チェコスロバキア、日韓合邦もこの時代の産物である。

半万年といわれる半島の歴史において最良だった時代はいつであろうか。私はこの日韓合邦時代こそその答えだと確信している。

統監府（1905〜1910）・総督府（1910〜1945）を合わせて40年というこの短い時期は、半島の最も安定した時代であった。半島名物だった朋党の争いは国外に舞台を移していたため、近代社会経済の基礎を固めることができたのだ。

合邦後、李王の復辟《ふくへき》（退位した君主が再び位に就くこと、アンシャン・レジーム）を狙う復辟派は時代の潮流から自然淘汰され、独立をめぐって民族派と社会主義派が中国・満州・シベリアで抗争を繰り広げていた。しかし戦後は米軍とソ連軍が進駐し、建国をめぐる闘争の場は再び半島に戻る。

米ソ軍事占領下において、建国のために作られた共同委員会の参加政党や諸団体は南に425、北に30以上あり、それぞれに登録されていた会員数は7000万人（半島全人口の2倍以上）という異常現象が起こる。こうして各党各派の抗争とつぶし合いが激化し、金九《キムグ》や呂運亭《ヨウニヨン》、宋鎮禹《ソンジヌ》といった反日・建国の指導者たちはことごとく暗殺されてしまう。民族運動や社会運動のリーダーが粛清されつくした後、李承晩《イスンマン》と金日成《キムイルソン》がそれぞれ米ソの庇護と指示のもと、南の大韓民国と北の朝鮮民主主義人民共和国を別々に建国したのが1948年だ。

この南北が半島の主権をめぐって勃発した最大の紛争が、死者100万人、離散家族1000万人といわれる悲劇を引き起こした朝鮮戦争（1950～1953）であった。こうして反対派の投獄や粛清、暗殺が繰り返された結果、南北の分断が定着した。その争いは今でも続いているのである。

韓国人こそ世界一のウソツキ民族

「中国は嘘つきの国」というイメージは、西洋ではルソーなど哲人や学者の間ですでに持たれていた。江戸時代の国学者も同様であり、中国人の国民性としてまずあげられるのは「嘘つき」だ。

「すべては嘘、本物は詐欺師だけ」ということわざまであり、「誠」の日本人であればなおさら、中国人を知るにつれてますます「詐」の人種というイメージを持つようだ。

しかし、最近は新たな展開も見られる。もともと韓国人は「大国人が世界一聡明、韓人は2番目」と考えてきたが、自信をつけるにつれ「韓人は世界一聡明」という自負が定着するようになった。朴《パク》大統領までが、「世界一聡明なる民族のＤＮＡを持つ」と断言した。嘘つきについても「中国人は世界一、韓人は2番目」だったのが、最近は韓国人も警戒されるようになってきている。

私はよく古典から韓国の歴史を読むのだが、ハングル世代の史説は実に嘘だらけだと痛感させられる。昔の韓国・朝鮮の新聞も数字はもちろん地名までいいかげんで間違いだらけだが、今のメディアはさらに作為的で、読者をだますことを目的としている。

韓流映画は国策映画でも嘘の塊で、「そもそもフィクションだった」と考えればそれでよしとしてもよいのだが、どうしてもしこりが残る。経済面でもパクリだという指摘は多いが、ビジネスなどは「詐欺」の一言に尽きる。

台湾でも「新聞は人を騙すためのもの」というのが相場だ。「烏龍《ウーロン》記事（報道）」というとお茶を連想するが、ウーロンとは一言でいうと「誤魔化すこと」という意味になる。巧妙なことにこの「ウーロン」をニュースに混ぜ込んで伝えるので、これを分析する言論人までいる。しかし韓国紙はもっとひどく、日本の反日メディアどころではない。

台湾では、中国人の嘘について「三度の飯を食うようなもの」「飴玉をなめるようなもの」という言い回しがある。また駐韓記者出身の室谷克実《むろたにかつみ》氏によると、「韓国人は息を吐くように嘘を吐く」とのことである。どっちもどっちで、当然三食より呼吸の方が回数はずっと多いのだから、単純に言葉尻でいうなら韓国人の方が嘘つきということになる。

大中華と小中華の国だが、韓国の中華思想の度合いは120％、といわれるくらいであるから、嘘つき比べではやはり小中華に軍配が上がりそうだ。整形手術の横行でみるように、美まで嘘で成り立っている国なのだから、「外華内貧」どころではない。

史観でなく史実から、韓国の歴史の公然たる嘘を検証してみることにする。

まず「韓国は1000回侵略されてすべて撃退した、侵略したことは一度もない」というお国自慢について。半島北方にかつて存在した高句麗が隋や唐の遠征軍をたびたび撃退していたのは事実である。しかし中国は、高句麗や渤海のような半島国家を「中国の一地受けている。

「地方政権」と主張しており、韓国史と認めていない。

高句麗が唐に滅ぼされた後、半島を統一した新羅は唐に臣従するようになる。新羅に代わって半島の主となった高麗は北方民族にたびたび侵入され、蒙古には実質的完全支配を受けている。

その後の李朝朝鮮も明に臣従しながら、満蒙八旗軍による「丙子胡乱」や豊臣秀吉の「壬辰倭乱《じんしんわらん》（朝鮮出兵）」のような侵略をたびたび受けてきたが、自力で撃退できたことは一度たりともない。それどころか朝鮮の軍隊や民衆が侵入軍の先頭に立って城攻めに協力したりするのが通例であり、とても「1000回侵略されてすべて撃退した」といえる状態ではないのである。

では「侵略したことは一度もない」はどうか。高麗による女真征伐、蒙古による日本遠征（元寇）に2度にわたって参戦したこと、新羅人による日本への海賊行為や「応永の外寇」と呼ばれる李朝時代の日本侵入、清との共同による征明や羅禅《ロシア》遠征など、枚挙にいとまがない。20世紀にもベトナム戦争でベトナムに遠征し侵略行為を働き「初めての海外出兵」と胸を張っている。

これらは「征伐」であって「侵略」ではないという理屈かもしれないが、その一方で

「『豊臣秀吉の朝鮮征伐』という言葉は不適切だ、日本に征伐される覚えはない」と非難してくるのだから、まったく筋が通らない話である。

また、自国を攻撃するのも他国を侵略するのも強者の尻馬に乗ってばかりなのが目に付く。新羅や高麗の興亡は唐や元といった中華帝国の興亡と密接に連動しており、朝鮮戦争における南北の分断独立も米ソの介入なしには成し得なかった。１９９７年における金融破綻後の経済再編も、もっぱらＩＭＦや日本の支援だのみであった。

強者に依存しなければ生存できない歴史を顧みて「侵略したことは一度もない」「世界一聡明なる民族のＤＮＡ」と誇れる神経には、ただ感心するしかない。

裏切りと虐殺を好む性格を見逃すな

中華の国は大と小とにかかわらず、裏切りを避けられない運命にある。それはもはや有史以前からといっていいだろう。２０００年以上前の『韓非子』では、「側近が一番危ない」というマキャベリの『君主論』的な思想を理論化しており「人間不信の学」とも称されている。

それ以外の古典も裏切りの記述が満載で、だからこそ常に味方を求めて「友好」を強調するのであろう。「管鮑《かんぽう》の交わり（信頼の厚い友情・交際）」などと口にしたがるのも、こういった裏の事情からではないだろうか。毛沢東は側近や腹心、後継者にまでたびたび裏切られ、友人はたいてい日本人か西洋人であった。孫文も同様である。

韓国史はこれに輪をかけて、裏切りの歴史の連続であった。ダレ神父の『朝鮮事情』によると、「50の陰謀があれば49が共謀者からばれる」という状態である。特に近い人間に裏切られることが多く、他人に対する猜疑《さいぎ》心は根強いものがある。朴正煕《パクチヨンヒ》や盧武鉉《ノムヒヨン》のような大統領も側近に裏切られており、やられる前に手を下さないと危ない社会なのだ。

韓国史は『三国志演義』のような権謀術数に満ちあふれ、小説としてみれば非常に面白い。韓流映画もそれを主題にすればもっと売れるのではないか、とつい考えてみたりもする。

李朝の始祖・李成桂《イソンゲ》が高麗朝を奪った時から、王子たちの裏切りや殺し合いがすでに始まっていた。我が子同士が殺し合う事態に怯えた李成桂は往年の覇気も失い、第一線を退き、74歳で没した。

豊臣秀吉による朝鮮出兵の際、国王が逃げ出した後で、奴婢たちは日本軍をあたかも人民解放軍のように迎え入れた。そして宮殿を焼き払い、国を裏切った、というより解放を喜んだのである。王子を加藤清正軍の陣に献上したのも、側近と官吏だった。

亀甲船で秀吉軍を撃退したことで知られる「抗日の英雄」李舜臣《イ スンシン》も、裏切りばかり働く卑しい人物だったといわれている。ちなみにこの亀甲船について、韓国人は世界初の鉄製戦艦であるかのように自慢しているが、実は木船の外に薄い鉄板を打ちつけた程度のもので、大洋に出る性能はなかった。

明の後に中華帝国を支配した清の建国時も、朝鮮は悶着を起こしている。

後金（清の初期の国号）国の第2代ハーンであるホンタイジは北元からチンギス・ハーンの印璽を受け継ぎ、満蒙鮮で清帝国を旗揚げするつもりであった。しかし朝鮮は宗主国の明を恐れてこれを拒否、ホンタイジが朝鮮に侵攻する丁卯胡乱《ていぼうこらん》（1627）、丙子胡乱（1636）が起こった。

降伏した朝鮮は、人質の王子の代わりに替え玉を差し出した。これが発覚したため、ホンタイジは「反覆無常（気まぐれ）」の朝鮮を徹底的に攻撃し、人口の半分を北方に強制連行している。朝鮮が慕華館、迎恩門、頌徳碑といった屈辱的な建造物を作らされたのは、この時の背信の結果なのだ。こうして朝鮮は清の冊封体制に組み込まれ、「東夷の賤種」そして「下の下国」として扱われたのである。

19世紀末に起きた東学党の乱（甲午農民戦争とも）では朝廷は手も足も出ず、宗主国である清の出兵に頼ったものの、乱は内部対立と裏切りによって自滅を避けられなかった。東学とは、儒学とも西学（キリスト教）とも異なる半島独自の思想体系だ。農民蜂起の指導者の中に東学の党員がいたために東学党の乱と呼ばれているが、蜂起して早々に内輪もめが起こり、指導者だった全琫準《チョンボンジュン》は側近の裏切りによって政府軍に逮捕され、処刑されてしまう。党員による略奪や暴行も多発し、参加者30万から40万といわれた反乱は自滅の一途をたどったのだ。

李完用をはじめとする、日韓合邦を推進した韓国人は「七賊」として売国奴呼ばわりされている。彼らにも言い分はあるだろうが、韓国人は内にも外にも裏切りによって歴史を形作ってきたのである。

また朝鮮総督時代には「義兵運動」と呼ばれる抵抗運動があった。初期には儒学の忠孝思想という大義名分を持っていたものの、そのうち「火賊」「東匪」「活貧党」などに変身して、単なる強盗集団以上のものではなくなっていった。

そもそも「義兵」は正規軍ではなく、大義名分を背負った義勇兵である。義勇兵といえば聞こえはいいが、政府や組織といった後ろ楯がないため、たちまち資金がなくなってしまう。李朝時代は政府軍の兵士でさえ物乞いしながら托鉢僧のように転勤する有様だったので、義兵の困窮ぶりも想像がつくであろう。そうなると大義名分どころではなく、食うために略奪をはじめ、たちまち匪賊化する。こうして掠奪から民衆を守るはずが逆に掠奪する側に回るという裏切り行為に至るのだ。

日本人には理解できない残酷な思考

韓国人のテロ好きやサディズムは、外国人に対してだけではない。自国民を対象とした虐殺、また民百姓・奴婢に対する伝統的刑罰は実に残虐極まりないものがある。満州人による丁卯胡乱・丙子胡乱という2度の「胡乱」も、この地方に住むオランカイなどの女真族といった民族に対する迫害への逆襲が、その遠因となったのだ。

朝鮮は明軍とともに女真を征伐したものの、明が弱くなると満州人の満蒙八旗軍に圧倒されるようになる。その勢いに乗って今度は八旗軍の威を借りて、明人への大虐殺が起こり、阿鼻叫喚の地獄絵図となったのだ。

韓国人自身が認める自国民虐殺も、非常に酸鼻を極めている。李朝時代には辛酉《しんゆう》教獄（1801）、己亥《きがい》教獄（1839）、丙午教獄（1846）、丙寅《へいいん》教獄（1866）のようなキリスト教弾圧が繰り返されている。東学党の党徒に対する虐殺も実に非人間的なものであった。

李朝末期にも、刺客に暗殺され、遺体をバラバラにされて晒《さら》された金玉均《キムオッキュン》、亡命中に親族を皆殺しにされた徐載弼《ソジェピル》のように、開化派の運動家は多くが悲惨な粛清を受けている。これらも自民族に対する残虐性を象徴するものといえるだろう。

では、韓国最大の暗黒時代とされている日本統治時代はどうだっただろうか。

1910年の日韓併合後は、1913年の独立義軍府事件、光復団活動、1915年の国権恢復《かいふく》団中央本部事件、1917年の光復会事件といった秘密結社の活動や反抗が繰り返されている。しかし全国規模の運動となったのは1919年の三・一独立運動ぐらいで、それ以外は極めて散発的で、併合に対する全面的な反抗というべきものは少ない。

『韓国独立運動史』によると、義兵闘争の死者は「倭軍警」127名、「敵の走狗」1250名とある。つまり日本人の10倍の韓国人が、義兵によって殺されたということであり、同士討ち以外の何物でもないのだ。

新政権や新体制には多少の反対運動がつきものであり、併合時代の反日はむしろおとなしい部類だったといえるだろう。総督府によるいわゆる神社参拝強制も、思想弾圧などというレベルのものではなかった。

しかし戦後、日本が半島から撤退してからは再び自国民の殺し合いが始まる。その最たるものが1950年から3年間続いた朝鮮戦争だが、虐殺の嵐はこれにとどまらない。

済州島の島民蜂起を武力鎮圧、3万人の犠牲者を出した「四・三事件」（1948）、元共産主義者やその家族など犠牲者30万人といわれる「保導《ホド》連盟事件」（1950）、軍幹部が物資を横領した結果、10万人が餓死したとされる「国民防衛軍事件」（1951）、共産主義者狩りと称して無実の市民を虐殺した「居昌《コチャン》事件」（1951）などが判明している。

1960年に李承晩大統領を辞任に追い込んだ4・19革命の際は、「白骨《ベッコル》団」「土蜂《トオボン》団」と呼ばれる鎮圧部隊が、デモ隊相手に虐殺を行った。さらにベトナム戦争では、米軍の先頭に立ってベトコン相手の大虐殺を行っている。

1980年に起きた民主化運動弾圧「光州事件」でも多数の死傷者を出しており、朝鮮総督府時代と比べて文化的になったとはとてもいえないだろう。ちなみに「光州事件」と呼ばれる事件は総督府時代の1929年にも起きているが、これは日本人と朝鮮人の学生の喧嘩から始まった学生運動で、全国的に広がりはしたものの、虐殺などには発展していない。軍人が守るべき自国の国民に銃剣を向け、2000人を虐殺、3000人以上が負傷した後の「光州事件」とはとうてい比較にならないものである。

梁啓超のいう「自国民に対する禽獣畜生のような扱い」を行える国民性は、果たしてどれだけ変わったといえるだろう。こうした自国史を見ない民族性こそ盲目といえるのではないだろうか。

戦争様式も文化の一つであり、民族や宗教によって変わってくる。日本ではあまり取り上げられないものの、中国史や朝鮮史において、虐殺が行われた回数は数知れない。残酷な刑法史や酷吏史も同様にさまざまなものがあり、生きたまま少しずつ切り刻んで殺すという凌遅刑《りょうちけい》もその一つである。李朝時代の刑罰も実に恐ろしいものがあり、現在ではそれが朝鮮統治時の日本人の蛮行として記念館で紹介され、反日教育に利用されている。

中国も同様である。ヒット作となった南京大虐殺をはじめ、三光作戦（殺しつくす・焼きつくす・奪いつくすこと）や万人坑（日本占領下の炭坑などで出た大量の死体を捨てたとされる穴）などのいわゆる「日本軍の蛮行」はほとんど中国の戦争文化を日本人に投影したものだ。

戦後マッカーサーの第1号指令によって台湾に進駐した国民党軍が行った「二・二八事件（1947年2月28日、台湾人と在台中国人の間で起きた衝突事件。数万人の犠牲者が出たとされる)」を目にした台湾人は、この今までの文化からは考えられない体験によって、はじめて「虐殺」という名の伝統文化の存在を知ったのだ。

しかし朝鮮半島にはこうした歴史の痕跡がなかったため、「人類史上最悪の植民地搾取」という抽象的な空理空論しか語れなかったのだ。

少なくとも文化・文明史から見て、日本には大中華や小中華を超える虐殺や搾取の文化・伝統などはない。

日韓の相互理解はなぜ不可能か

日本と半島の関係は、大陸との関係よりさらに古い。大陸の文物の多くが、半島を経由して列島に入ってきたこともよく知られている。物質的な交流以外にも、神功皇后の三韓征伐や白村江《はくそんこう》の戦い、豊臣秀吉の朝鮮出兵といった齟齬《そご》の歴史もあった。

遣唐使の廃止後、日本は開国と鎖国を繰り返してきた。中国は日本以上に陸禁や海禁が厳しく、朝鮮半島も近代まで「東洋最後の秘境」のままだった。開国は日韓の江華島条約(1876年に締結、日朝修好条規とも)以来であり、黒船による日本の開国と似ている。

李朝朝鮮の鎖国については、朝鮮に漂着し13年間抑留されたオランダ人ヘンドリック・

ハメルの『朝鮮幽囚記』に、次のような記述がある。

「朝鮮国王は絶対的権力を持っていても、タルタルの汗《ハーン》（満州人の王）の同意を得てから後継者を決める」

「タルタルの勅使やウリャンハイ（満州国境地域の少数民族）は年に3回貢物の徴収に来る」

「朝鮮高官はタルタル人に怯え、賄賂を贈って口止め料を支払う」

「満州人の使節が来ると、国王は自ら高官を従えて迎恩門まで歓迎に赴き、宴会を催したり芸を披露したりして接待しなければならない」

など、清への服属ぶりが詳しく記載されている。

現在、北朝鮮と日本の関係は進展がないが、南の韓国とはビジネス面のみならず文化、学術などにおいて物的・人的交流が盛んに行われている。

常識的に考えれば、情報化社会が進めば進むほど、また交遊が頻繁になればなるほど相互理解が深まるはずだ。

しかし嫌韓、嫌日は確実に増え、「韓流」も「寒流」に変わりつつある。近隣だから他国以上に相互理解できるとは限らない。よい例が「呉越の争い」だろう。

呉（上海人）と越（広東人）は歴史的に仲が悪く「呉越同舟」ということわざのもとにもなっている。呉の王が薪の上で寝、越の王が苦い肝をなめて復讐心を培ったという「臥《が》薪嘗胆《しんしょうたん》」の故事も有名である。この「臥薪嘗胆」は、日本が日清戦争後に三国干渉を受けて遼東半島を手放すことになった際に流行語ともなった。

例外もあるだろうが、近隣憎悪は社会の摂理だ。数千年来、中国の最も基本的な国家戦略は「遠交近攻」だった。「善隣（近隣諸国との関係を良好に保つこと）」はあくまで建前である。

福沢諭吉は「亜細亜の悪友どもとの交遊謝絶」を主張したが、それは「脱亜論」というより「脱韓論」と見るべきだろう。その状況は今でも変わっていない。これはどうしてなのだろうか。

歴史や文化が違えば、物の見方や考え方も違ってくるのは当然のことである。ことに宗教が違えばなおさらだ。そして利害関係が絡めば言行が敵対的になってくる。これが「十人十色」「蓼食う虫も好き好き」と言われるゆえんである。

中華の人々は考えることや言っていることと、やっていることが食い違う場合が少なくない。日本人はそれと真逆で、一事に「実直」そのものである。だから日本人には「以心伝心」が可能でも、中華の人々にはできない。都合によって面従腹背、反覆無常が当たり前だからである。

ではなぜ中華の人々は「曲解の達人」といわれるのだろうか。それは常に自己中心的に相手の言行を見て独善的に解釈し、さらにそのまま思い込んでしまうからである。その証拠に、中国人や韓国人は安倍総理の積極的全方位外交を「反中・反韓」と受け止め、恫喝してくるほどに曲解している。地球も宇宙も自分のために回っていると錯覚しているとしか思えない。

世界観や人生観の共有とまでいかなくとも、価値観やアイデンティティの共有がなければ交遊は難しい。不可能といってもいいだろう。百歩譲って、少なくとも課題や夢を共有してはじめて同志同道といえるのではないだろうか。それは私の人生経験から言える。

日本人がいくら「話せばわかる」と思っても「問答無用」の相手にはどうにもならない。善隣外交の難しさは歴史や現実の教えてくれるところである。これを理解できない言論人は、せめて少しでも相手を理解した上で、近隣とどう付き合うべきか考えるようすすめるべきではないだろうか。

もっとも根本的な問題はやはり国民性

戦後は「国民」という語がタブー視される一方、「市民」「市民革命」が日本人共有の言《こと》霊《だま》となっているが、それは「市民」が「国民」以上に普遍的価値を持っているからである。一時は「世界革命、人類解放、国家死滅」が日本人のユートピアともされてきた。

私が大学の学部生、院生だった60年代はまさにそういう時代で、「日本をぶっ壊す」が学生の主流意識であった。それは社会のエートスともなっている。現在も国政選挙では「暮らし」「生活」がアピールされ、「国家」「国民」「国益」を不用意に口にしようものなら落選するしかない。

しかし日本の周辺環境の変化により、日本人社会の主流意識も変化しつつある。安倍総理の靖国参拝について、新聞紙面に「国益」などの文字が登場しているのは実に驚くべきことである。そして若いネット世代が増えれば、これからの世の中も変わっていくだろう。中国や韓国が彼らを「ネット右翼」と目の仇にしてハッカー攻撃を仕掛けてきても、モグラ叩きのようにますます広がっていくのだ。

「国民性」の用語も戦後タブー扱いされてきた。「支那」のような言葉狩りには遭わなかったものの、メディアや日常語から姿を消しつつある。それは戦後日本の社会意識の変化にもよるのだろう。

しかし韓国の反日の理由を根本から知るには、やはり伝統文化から生まれた国民性、あるいは民族性（民性とも）というべきものを理解しなければならない。韓国人の国民性については日本人や中国人ほど語られてはいない。しかし次の3人の意見には耳を傾けるべきではないだろうか。

一人は清末期の維新派の文化人で、思想界の重鎮だった梁啓超である。彼は『朝鮮亡国史略』『朝鮮滅亡の原因』といった著書で、その元凶を国王の高宗と妃の閔妃《ミンぴ》、高宗の父の大院君の抗争にあると指摘している。そして朝鮮社会は厚顔無恥にして悪辣《あくらつ》な輩《やから》が多く、節操自愛することは少ない、と酷評している。

梁はさらに「朝鮮亡国の原因は日本ではなく朝鮮人自身によるものである」と分析している。いわく、李朝社会とは、貴族と寒門の階級が歴然と存在し、両班は一切の権利を壟《ろう》断《だん》する。国中で独立人格と自由意志を持つ者は貴族のみで、しかしながら、彼らはすべて社会諸悪の根源である。彼らは仕官のみを志し、繁文縟礼《はんぶんじょくれい》（規則、礼法が細々としていてわずらわしい）。民衆に対しては禽獣畜生のごとく扱い、搾取略奪した財産を国庫に入れるのは3分の1にも満たない。徒党を組み、私腹を肥やして殺し合う。とはいっても彼らは政治とは何たるものかを知らず、世界の大勢も知らない事大主義で親日・親露・親清ところころ変わる。帰国した留学生が1000人近くいても、ほとんど猟官（官職にありつこうとして運動すること）に忙殺される以外には、社会のことをほとんど顧みない。学校の一つもつくらず、本1冊さえ書かない。翻訳一つでさえものにはならない有様だ……と、非常に手厳しく批判している。

二人目は「近代朝鮮文学の父」とされる李光洙《イグァンス》である。彼は自国民の欠点を次のように冷静に分析している。

「虚偽であり、空想と空論のみを好んで、懶惰《らんだ》であり、相互の信義と忠誠心がなく、事に挑んで勇気がなく、利己的で社会奉仕の心がなく、団結力に欠け、極めて貧窮であり……」

そして「抗日独立より、民族の劣等性を改造することが先決」「まず勤勉と努力、精神の独立を図るべき」と主張する「朝鮮文化解消論」を唱え、創氏改名を推奨し、自らも日本名「香山光郎」を名乗った。

3人目が「漢江の奇跡」と呼ばれる韓国経済復興の功労者・朴正熙。韓国をどうしても維新しなければならないと考えた、大韓民国建国の父でもある。彼は李朝時代の自国史について、著書『国家、民族、私』で、次のような言葉で総括している。

「四色党争（官僚が四つの党派に分かれて抗争を繰り返したこと）、事大主義、両班の安易な無事主義な生活態度によって、後世の子孫まで悪影響を及ぼした、民族的犯罪史である」

「今日の我々の生活が辛く困難に満ちているのは、さながら李朝史の悪遺産そのものである」

「今日の若い世代は、既成世代とともに先祖たちの足跡を恨めしい目で振り返り、軽蔑と憤怒をあわせて感じるのである」

これに加え、朴は「民族の悪い遺産の反省」として「事大主義、怠惰と不労働所得観念、開拓精神の欠如、企業心の不足、悪性利己主張、健全な批判精神の欠如、党派意識、特権・エリート集団意識」をあげている。

これらの特性は、今日もすべてあてはまるといえるだろう。

第七章　韓国の反日にどう立ち向かうのか

日本をどう取り戻すか

「日本を取り戻す」とは、安倍政権の掲げる政治目標の一つである。これはただのスローガンではなく、戦後日本が直面している問題の本質をついた、初めての明確な目標なのだ。この言葉だけでも、国民に大きな希望と期待を与えている。

ではいったい何をどう取り戻すのか。もっと根底から「国の誇りを」「戦後レジームの克服を」という主張もある。「日本を取り戻す」とは、かつて存在した正しいことや美しいこと、誇りを持つべきこと、そして戦後失ったものを復活させることである。

戦後は市民意識が国民意識を上回り「愛国心」まで失われてしまった。もっと深刻なことに「日本人として恥ずかしい。日本人ではなく地球人になりたい」と公言する国会議員までいることである。

日本の代議士はあくまで日本人、法的には日本国籍を持っていることが不可欠だ。それなのに選挙民がわざわざ「地球人」になりたがる代議士を国会に送り込んでいる、事態の深刻さに心が痛む。

現実的には「戦後レジームの克服」からスタートして「日本を取り戻す」ことを考えるべきだが、「日本を取り戻す」だけではやはり不足である。21世紀の日本は、世界への貢献に多大な期待を寄せられているのだ。

大戦末期には「近代の超克《ちょうこく》」についての問題提起があった。近代、そして現代をどう超克するのか、課題は今でも残されている。唯物弁証法的な用語でいうなら「アウフヘーベン（あるものを否定しながら、より高次の段階で生かし保存すること。止揚）」ということだ。

もう一つの日本の課題は、空海が人間の精神史として説いた、密教的な「包摂《ほうせつ》（一定の範囲内に包み込むこと）」の考え方である。「クリアして乗り越えていくこと」と「すべてを容認して呑み込んでいくこと」は、似ていてもやはり異なる。

大東亜戦争に負けたことより、精神的に負けてしまったことの方が、日本にとってはより深刻であった。80年代後半に入って、あまり自覚されていない精神的・文化的敗北があったと私は考えている。歴史問題や靖国問題で日本が「謝罪と反省」を繰り返してきたことはその一例で、これこそ深刻な「第二の敗戦」といえるだろう。

歴史問題も靖国問題も、本来は教育や文化、心と魂に関する問題である。それが知らず知らずのうちに、国内問題ではなく外交問題にされてしまったのだ。

そもそも日本は天台本覚思想としての「草木国土、悉皆《しっかい》成仏」から演繹される「死者悉皆成仏」、死ねば仏になる国であり、神が生まれ、死ねば神になる国である。過去は水に流して現在や未来を大事にする前向きな民族性を持っている。それなのにいつの間にか、現在や未来よりも過去に呪縛される国になってしまった。

心や魂の問題が他律のもとに置かれるようでは、それこそ文化の死にほかならない。日本人の魂を取り戻すことこそ、これからの日本人にとって何より大切なのだ。精神の死からどう復活するか、さらに熟慮する必要があるのではないだろうか。

沖縄返還に執念を燃やした佐藤栄作総理の言葉「沖縄の祖国復帰が実現しない限り、わが国の戦後は終わらない」は、私だけでなく多くの日本人の脳裏に刻まれていると思われる。佐藤総理によるノーベル平和賞受賞も、戦後日本による平和貢献のシンボルの一つといえるだろう。

一方で、南樺太の話は別としても、北方四島問題がまだ残っている以上「戦後はまだ終わっていない」という意見も根強くある。

法的には、1952年のサンフランシスコ講和条約によって戦争は終わり、GHQによる約7年の占領も終結して、主権は日本に戻った。

しかし精神的に、日本の戦後はまだ終わっていない。少なくとも外交面において、中国・韓国といった「特亜」の国々は終わらせたがっていないのだ。ソ連からロシアに替わっても、日露の戦争は終わったと言い難いところがある。

日本国内の教育やメディアの大勢は反日日本人に牛耳られているが、彼らにとっても戦後は終わっていない。日本革命は無理でも、やはり日本をつぶしたがっているのは見え見えである。

ではどうすれば日本を取り戻せるのか。「日本は普通の国」というだけでは絶対に無理だ。「強い日本」を取り戻さない限り戦後が終わらないのは、知性ある人には明白である。アベノミクスや安倍外交、そして日本人の心と魂の分野である「靖国参拝」に至るすべてを、中韓は「戦後体制の改変」とみなし、安倍総理の「犯罪行為」を非難・恫喝している。

ことに韓国の言行は奇怪千万だ。戦後はＧＨＱが日本に進駐、国民党軍が台湾に進駐したように、米ソ両軍に分割占領された半島は、日本や台湾と同じ敗戦国のはずなのに、なぜか戦勝国然としている。これは韓国人のビヘイビアである屈折した深層心理と民族性からくるもので、我々台湾人から見ても決して正常ではない。

これも韓国人特有のファンタジーなのだろうか。

第一次世界大戦終了後、１９１９年のベルサイユ体制や１９２２年のワシントン体制といったいわゆる戦後体制に対しても、国家利益から考えて守りたがる国が存在するのは当たり前のことだ。しかし時が移れば世も変わる。

日本は太平洋戦争開戦直前にアメリカからハル・ノートを突きつけられた時、負けることを覚悟しつつ、戦わない亡国よりも戦う亡国を選んだ。先人のこの英断こそ武士の精神であった。それは日本の再起を期待してこその決断であり、戦争だったのだ。

戦後体制を死守しようとする姿勢は異常であり、それを改めないのも正常とはいえない。すでに戦後70年近く経ち、世代が替わっても、戦後レジームから脱出できないのはやはり異常である。

日本を取り戻すには、まず教育とメディアを取り戻すことからスタートすべきだ。これは決して簡単ではないが、貶められてきた日本古来の伝統文化や誇りは、それによっておのずと生まれるはずである。空理空論空想で作る必要などはない。これこそ真の誇りであり、幻想ではないと知るべきなのだ。

韓国の言いなりにならないことがなぜ大切なのか

日韓は地政学的にも、また生態学的にも異なり、自然の摂理や社会の仕組みもおのずと違う。文化や文明も違えばものの見方や考え方、価値観も異なっている。

相違点をあげればきりがないが、たとえば中華思想の韓国人は自己中心・自国中心で優越感が強く、根拠のないウリナラ自慢が得意だ。しかもご都合主義で責任感がない。

しかし日本人はまったく逆で思いやりが強いため、自己中心的でご都合主義の人間に振り回されがちである。日韓関係にもそれがよく見られ、軋轢《あつれき》の根源もまさしくここにある。

中華思想の強い国は、考えることとやることが何かと一元的な思考が強く、これを近代用語でいえば「全体主義」であろう。李氏朝鮮の時代に仏教国家から儒教国家へと変わった際も、いわゆる「崇儒斥仏」が起こり、文化遺産はことごとく焼却されてしまう。仏寺は孔子廟《びょう》に取って代わられ、明の皇帝や孫悟空が崇拝の対象になる。陶磁も青磁が消え、白磁へと一新された。

一方日本は、神道の共生の思想や仏教の衆生の思想に育まれた、多元性の許される国である。江戸時代には朱子学が国教に近い地位を獲得したものの、その天敵である陽明学や、伝統的な神道や仏教、国学、蘭学まで並び立っていた。思想統制を受けず、きわめて自由だったのだ。

現在も韓国は、いつでも「正しい歴史認識」を一方的に押し付け、違う考え方や価値観の存在を許さない。これに合わせなくてはならないなら日本人はたまったものではない。日本が韓国と付き合い、相手の「独善」に合わせるためには「偽善」を装わねばならず、これが国と国、個人と個人の間に文化摩擦や文明衝突を起こさせるのだ。唯一の解決法は、韓国人が独善的な考え方を放棄して多元的価値を認めるか、日本人が伝統的な価値の多元性を放棄して韓国の言いなりになるかしかない。これこそが最も根源的な対立の根でもあるのだ。

韓国が中国にならって、独善的な「正しい歴史認識」を日本に押し付けていることはよく知られている。それも「教えてやる、叩き直してやる」といわんばかりの優越感に加え、政治目的もある。

しかし韓国に果たして「歴史」といえるものがあるのか、正確に言えば自律的な歴史があるのかは、半島史の真実から改めて考える必要がある。韓国人は従来の歴史観に不満を持ち、その修正を主張してくるものの、ハングルで書き直された歴史が創作（フィクション）とどう違うのか、それを見分ける「知性」が彼らにどれだけあるかも考慮しなければならない。

中華人民共和国と朝鮮民主主義人民共和国も、成立後はマルクス主義史観に基づいて歴史を書き直したものの、それを歴史と呼んでいいのか、ファンタジーとどう区別するのかという疑問すら浮かんでくる。

大中華と小中華は「正しい歴史認識」をよく口にするものの、実際はどちらも実利的な民族であり、ソフトウェアには無関心である。それはインド人や日本人と比べれば一目瞭然であり、歴史と小説の区別などつかない。

口が酸っぱくなるほど「歴史」にこだわるのに、大学入試科目で歴史を選択する人は少なく、ほとんど誰も勉強していない。大学生になるとエリート意識も人一倍強くなるが、相変わらず歴史意識を伴っていないのだ。

それのみならず、未来についても口にするのは空想や妄想ばかりである。一時期韓国では、学生から大統領までが「アジアのバランサーになる」と唱えはじめ、あたかもそれが人類に対する使命であるかのようにふるまっていた。

最近も、朴《パク》大統領が「ユーラシア経済圏」といった空疎な大言を言いふらしている。しかし韓国の国力や国際的な信頼度をみると、アジアのバランサーどころか南北統一さえできないのに、よくもユーラシアまで大風呂敷を広げられるものだと感心させられる。それが韓国人のおめでたさなのだろう。

韓国の反日に耐える日本の根性

日本の言論人や文化人には、かつて「北朝鮮は地上の楽園」とあこがれ「親鮮反韓」で知られた人がいた。1970年に起きた「よど号ハイジャック事件」はその象徴である。

しかし時は移り、世も変わっていく。進歩的文化人は「地上の楽園」を脳裏から追い出し、「親韓反日」に転換した。80年代の後半から、韓国は中国の反日に追従しつつ、大統領が交替するたび「今度こそ最後」と銘打って「謝罪と反省」を要求してきた。こうしてさまざまな名目で日本が多額の金をむしり取られてきたことはよく知られている。

ことに李明博《イミヨンバク》に代わって就任した朴大統領による、告げ口外交の世界行脚は誰の目にも異常に見えるだろう。ここ30年来、日本人は韓国人の反日の奇行に辟易してきた。もう万策尽きた感を覚える人も多いだろう。

しかし韓国社会やその歴史を少しでも知れば、それらも韓国人の風習や社会現象として理解でき、特に気にすることはなくなる。「どうしたらよいか」などと悩む必要はない。

李朝朝鮮時代からの名物である「礼論」や「士禍」などの朋党の争いを見ると、実にどうでもよいことで命がけになり、多くの死者が出て一族絶滅に追い込まれることも珍しくない。北と南の殺し合いや政敵の拉致・粛清が、半島の人間の生存の条件だったことを考えれば、現状も驚くにあたらない。

確かに厄介な隣人ではあるものの、反日といっても抗議のために自分の指を切断したり、日の丸や日本人の写真を足蹴にしたり燃やしたりするくらいで、戦後暗殺された日本人はいない。それどころか光州事件のように、自国民同士の対立に巻き込まれて闇に葬られた韓国人は数万人単位にのぼっている。国が違っていて幸いだったと思わずにはいられない。

金正恩《キムジョンウン》と中国の不和を見て取った朴大統領は、ただちに習近平主席に接近し、反日反米をアピールするようになった。しかしこれが半島人の生き方なのだから、日本が気にすることでもないだろう。

華夷変態（中華の天子が、華＝明「漢人」から夷＝清「満州人」に交替したこと）当時、朝鮮国王は清への服従を示すため、迎恩門や慕華館、頌徳碑などを作らされたことがある。その頃と比べて今の中韓が「相思相愛」の仲なのかは分からないが、国内外の情勢が変われば蜜月などすぐ終わるのは、大中華も小中華も同じである。少なくとも北京中南海（中国政府高官と党高級幹部の居住する地区）はかつての北京朝廷と異なり、韓国に「倭情報告」を義務付けてはいないようだ。

韓国における今日の反日運動をかつての「衛正斥邪」の再燃と考えれば、さまざまな教訓を学ぶことができる。当時から日本は半島に振り回されてきた。西郷隆盛らによる「征韓論」はその一例である。

白村江の戦いや豊臣秀吉の朝鮮出兵、東学党の乱を発端とした日清戦争など、日本の対外戦争には、ほとんど半島が絡んでいる。日韓合邦も、半島問題に頭を痛めた列強が「東洋の永久平和のため」として日本に処理を押し付けた結果であった。

隣人の相変わらずの奇行をどうするべきか考える前に、まず半島の地政学をめぐる世界の動向を見直す必要がある。そして、やはり歴史に学ばなければならない。朴大統領のいう「千年の歴史の恨み」なるルサンチマンに耳を貸す必要はないのだ。

強い日本はなぜ不可欠なのか

日本人が戦前と戦後で大きく異なる点はたくさんあるが、関心や意識の変化について私が最も違和感を持つのは、いわゆる「戦争責任」「日本軍国主義の侵略」などに関してだ。日本以外の国はあまり取り上げない事柄であり、敗戦後の日本人の好むお題目でもある。

戦争に至る理由はどこの国でも複雑で、遠因や近因が錯綜している。中国は戦争のない年はないといっていい国であり、戦争は社会の仕組みの一つともなっている。易姓革命の国として、革命に成功した王朝は前の王朝一族を滅ぼし、根絶やしにすれば事は済むのだ。国共内戦の結果、共産党が人民共和国を作って、敗北した国民党の蒋介石らを戦犯として追及する。これがいわゆる「戦争責任」の追及であり、学問として論議の対象にするものではない。

朝鮮半島もやはり易姓革命の国で、政敵を互いにつぶし合い、最終的には朝鮮戦争で南北に二分された。さらに韓国では、前の大統領が後の大統領につぶされるのが慣例になっている。これは川の水が後から後から流れていくのと同じ歴史の法則であって、「戦争責任」を云々しても無意味だ。

かつてレーニンは「戦争」を「正義」と「不義」に大別したが、「侵略」の定義付けはまだなされていない。ナポレオンは「侵略が好きだ」、毛沢東も「戦争が好きだ」と公言しているほどだ。無意味な論議を打ち切らない限り、戦後日本の呪いは解けそうにない。

「事大」は半島の歴史法則、というより生存の法則であり、時代によって変わることはない。李朝末期の大院君も好き放題に振る舞っていたものの、清の李鴻章の配下の軍人に半島から天津まで強制連行されて、とたんにおとなしくなっている。日本は「歴史に学べ」とよくいわれるが、確かに半島の事大史を学ぶ必要はあるだろう。

李明博前大統領は竹島上陸や天皇への謝罪要求など強気の対日姿勢が目立ったが、それは彼自身が語っているように「日本はすでに昔と違って弱くなっている」からなのだ。

日本の近隣に国際法を守る国はあるだろうか。法の秩序を守るよりも「海の強国を目指す」を国是とする中華の国を左右するのは、あくまでも力である。

なぜ強い日本が必要なのか。「普通の国家としての日本」を語る人はいても、「強い国家としての日本」がこれからの人類にとっていかに大事であるかに言明する人は稀である。以前に別の著書であげた「強い国」日本の条件について、改めて紹介してみる。

①一人当たりのGDPが中国の8倍という経済大国である。
②アジアの最先進国であり、欧米と比べても遜色がない。
③資本、技術、人材、情報の提供センターとなれる存在である。
④明治維新以来、知識と情報の最大の集積地であり、発信源でもある。
⑤半世紀以上もの間、内戦も対外戦争もない超安定社会である。
⑥内戦や対外戦争が絶えないアジアにおいて、安定勢力としての存在感と実績がある。
⑦民主主義の成熟度と国民の民度が高く、近代国家のモデルになれる。

⑧百数十年にわたって近代化の牽引役《けんいんやく》を果たし、世界にも認められている。
⑨生存権や人権などの普遍的価値を守り、近隣の独裁国家の人権蹂躙《じゅうりん》や暴走を防ぐ使命がある。
⑩暴力による支配ではなく、国家としての魅力によって国づくりのモデルとなれる。

中国に服従する朝貢国ではなく、対等に諸国とわたり合っていきたいなら、「普通の国」ではなく「強い国」を目指さなければならない。

また、長引く不況や中韓の反日攻勢によって陰りが見えているものの、日本にはこれだけの底力があり、客観的に見れば充分「強い国」なのだ。安定して安全、かつ成熟した日本のシステムはアジアのみならず世界のモデルともなり得る存在であり、日本人もそのことを自覚しなければならない。

戦前の日本人は「アジアの盟主」としての自覚を強く持っていた。これからの日本人もまた、人類への使命感を持ち、自国の意見や魅力を積極的に発信する道を選ぶべきではないだろうか。

誉め殺しも有効な対韓秘策の一つ

中国のプロレタリア政権を支えるのが「軍」と「筆」の二つであることは有名である。対日工作にはメディアの統制、そして言論人や文化人を利用したスパイ工作を用いていることもよく知られている。若者相手には異性を用いたハニートラップ、年配者には金で漬け込んだりする。日本に対してのみならず、諜報活動は世界的に広がっており「孔子学院」まで諜報センターの一つになっているのだ。

日本では民族派（右翼）が「金儲けのうまい竹下登氏を総理にしよう」と皮肉たっぷりに賞賛する「誉め殺し」なる秘策を用いたことがある。この場合は賞賛に見せかけた嫌がらせだが、辞書的には「実質以上に誉めそやすことで、相手を不利な立場に追いやること」を意味する。泣き落としなら主に女性限定だが、誉め殺しは中国の三十六計には入っていない。

『三国志演義』には、王朗という老将が「この老いぼれ野郎」と罵《のの》られて頭に血がのぼり、落馬して死んだという話が出てくる。相手を徹底的に罵倒する「罵り殺し」は、罵詈《ばり》雑言の国である中華の国では効果があるものの、日本人には不向きである。中国では前代未聞というべき誉め殺しは、法治国家ならではの奇策というべきであろうか。「国王は裸の王様」という寓話も褒め殺しの秘策を連想させる。

誉め殺しこそ韓国には有効だと私は考えているが、若干説明が必要だろう。

小中華・韓国は、大中華以上に中華思想が根強い国である。「世界の文化や文明はすべて韓国起源だ」「孔子や秦の始皇帝も韓国人だ」などというウリナラ自慢を聞く限り、駄法螺というよりいっそ病的な感じすらする。大中華は何でもかんでも「大」をつけたがるものの、「中華民国」「中華人民共和国」は「大」を冠していない。一方の韓国は「大韓帝国」「大韓民国」と大中華を超える誇大志向である。

韓国人の誇大妄想・興奮傾向を「病的」と考えるのはあながち間違いではない。特定の地域や民族で発生しやすい精神疾患を指す「文化依存症候群（文化結合症候群とも）」と呼ばれる概念がある。欧米人の拒食症、日本人の対人恐怖症などが有名だが、韓国人の精神疾患として正式に登録されているのが「火病《ファビョン》」である。

これは怒りの抑制を繰り返すことで起こる精神疾患で、日本でもすぐ逆上することを指す「ファビョる」というネットスラングになっている。韓国では20歳男性の45％が対人関係障害の可能性があるというショッキングな報告もある（東亜日報２００３年２月10日付）。

興奮して見境がなくなり、自分の家に放火したり、抗議運動として自分の指を切ったりするケースさえある。もちろん逆上して「火病」状態になる日本人もいるが、やはり韓国人特有の気質という面は否定できないだろう。

この気質のせいか、韓国は自殺率が非常に高く、リトアニアに次いで世界2位であるがOECDでは1位である。（人口10万人当たり31・0人）。ちなみに日本は8位で24・2人、中国は27位で13・9人となっている（2012年WHO）。年間3万人を超える自殺者を出す日本もあまり誉められたものではないが、いったん興奮すると自制できなくなる韓国人の気質が自殺の遠因になっている可能性は否定できない。

韓国で特に目立つのが75歳以上の高齢者、そして女性の自殺率だ。これは性犯罪や家庭内暴力の多さ、儒教国ならではの男尊女卑の結果と考えられる。

また韓国の社会福祉支出の対GDP比はOECD加盟国中最低、家庭に労働者がいない高齢者の貧困率も70％と高率である。「孝」を中国以上に強調するお国柄でありながら、弱者にはきわめて優しくない環境といえるだろう。

自分が生きるためには弱者を切り捨て、一番偉いのは自分で、都合の悪いことはすべて他人のせい。こんな相手には罵り殺しや泣き落とし以上に、誉め殺しが有効だと私は考える。対症療法なら他にもあるだろうが、内輪もめや殺し合いの絶えない民族が何十年かかっても「1000万人の離散家族」を出した南北分断を自力で解決できるとは思えない。

何でも日本人の揚げ足を取り、貶めたがるのが韓国人だが、同じ土俵で正邪論争や貶め合戦をする必要もないだろう。ウリナラ自慢の一方、すべてを日本や他人のせいにする相手は、ますます誉めそやしてつけ上がらせることで、有頂天になり自滅する可能性が高いからだ。

謙虚な人間に誉め殺しは無効だが、韓国人のように虚飾好きの「外華内貧」な人間は別である。それもまた半島の性ではないだろうか。

「交遊謝絶」の英知にどう学ぶか

戦後の日本国憲法前文には「平和を愛する諸国民の公正と信義に信頼して」とある。80年代にも教科用図書検定基準として「近隣のアジア諸国との間の近現代の歴史的事象の扱いに国際理解と国際協調の見地から必要な配慮がされていること」という近隣諸国条項が定められている。

戦後欧米では冷戦があったものの、戦争自体は終結している。アメリカ・カナダ・メキシコは長い国境線を有しているが、近現代に入ってから国家間戦争には至っていない。

しかし日本の近隣諸国に目を転じてみると、国家間の関係は一変する。国共内戦、ベトナム戦争、カンボジア内戦など自国民同士の殺し合いや国境戦争が絶えず、中印、中ソ、中越などの対外戦争も続いた。

そんなアジアで「善隣外交」「善隣友好」が果たして可能なのかは、実に疑わしいところだ。歴史問題や靖国問題も、日本の過去についてまず中国が因縁をつけ、韓国はその尻馬に乗るという形で、一方的にゆすりたかりを行ってくる。「過去に学べ」「悔い改めない限り未来は語れない」と道徳や説教を押し付けてくるあたりは説教強盗そのものだ。尖閣や竹島をめぐる問題も、実に「理不尽」の一言につきる。

いわゆる歴史問題や靖国問題は過去のことのように見えて、実は80年代になってまるで現在進行形のように急浮上してきた問題である。過去のことを掘り返せばきりがなく、これからも何を口実にしてくるか見当もつかない。

祖父やその上の世代まで持ち出さなくても、中国人や韓国人が日本で起こしている凶悪犯罪はいくらでもある。日本は江戸時代から法治国家であり、個人から国家に至るまで国内法や国際法に基づいて処理してきたことは近代史が物語っている。

国と国の付き合いについて日本は古代からさまざまな経験を積んできたものの、国柄が違えば付き合いも難しくなる。

平安時代の菅原道真はなぜ遣唐使中止を提言したか、明治時代の福沢諭吉はどうして「亜細亜の悪友どもとの交遊謝絶」を提案したのか、今の日本人はもっと考えなければならない。

ちっぽけな島国・台湾にも韓国と交流した歴史がある。李登輝総統が金泳三《キムヨンサム》大統領との付き合いをきっぱり絶ったのは、韓国による裏切りといじめに耐えかねた苦い経験があるからだった。韓国人が「付き合いたい」というときは、たいていが「金目当て」と見るのが台湾人の常識である。それが韓国人の国民性でもある。

一個人でも一家一族でも、自分が見た自分と他人が見た自分は違う。両班から見た奴婢、妓生から見た白丁、京城の人から見た三北（北朝鮮）もそれぞれことなるであろう。

唐以前の漢人から見た万里の長城以北の北狄・東夷の半島人はせいぜい犬羊（つまらぬもののたとえ）の賤種、半人半獣に過ぎない。統一新羅以後における半島の歴代王朝は中華王朝の藩屏ではあっても、半島からの朝貢使は礼部（文部省）の管轄に置かれ、朝服や朝礼も最下級という下の下国扱いであった。

琉球の使節より下に置かれることに不満でも、貢女と宦官しか献上できない「性奴隷」産出国家ではどうにもならなかった。それでいて「事大一心」であり、どうしても朝貢したいとせがむので、中華王朝としても断りきれなかった側面がある。

日韓合邦も、当時の時代背景から「この厄介な国は東亜の平和を乱す元凶となる。何とかしてほしい」という要請によって日本に押し付けられたというのが正しい。アメリカ人宣教師ホーマー・ハルバートの『朝鮮亡滅』をはじめとする西洋人の著作が、当時の歴史を知る上で参考になるだろう。

実利的な中国人や韓国人が「損得」を考慮したがるのは一個人でも一民族でも同じである。列島と半島、大陸の交遊史を見る限り、一度関わりあうとたいていの場合、良い結果にはならない。飛鳥時代の白村江の戦いや秀吉の朝鮮出兵がその典型的な例であり、日清戦争も半島のトラブルが大きな要因だった。

平安時代に菅原道真が遣唐使の中止を提案したのは、天下大乱の国から学ぶことがほとんどなくなり、むしろ損になるからであった。日本は鎖国と開国を繰り返すことで安全を保つことができ、山本七平によれば、最も代表的な日本独自の文化が成熟したのは江戸時代だったということである。

厄介な相手と無理に付き合っても振り回されるばかりであることを、開国維新から今日に至るまでの間に、日本人は身に染みて理解してきたのではないだろうか。

小中華思想の罠にはまってはいけない

中華思想があってこその中華の国であることはよく知られている。それは大中華も小中華も変わらない。そしていわゆる「中華思想」の最大の特質の一つが、自己中心・自国中心のビヘイビアである。

高校時代の国文教師が口癖のようによく「人不為己、天誅地滅（人間が利己主義を止めたら、この世は終わりだ）」と言っていた。

その理屈もわからなくはないが、どう考えても、この利己主義（エゴ）というのは、中華思想そのものではないだろうか。

自己中心的な考えや主張を押し付けられるのは、誰であれまったくものではない。戦後日本もよく中華の国々から独善的な「正しい歴史認識」を押し付けられている。極端になると、江沢民のように「永遠に日本に謝罪と反省をさせる」、または朴槿惠《パククネ》大統領のように「千年の恨み」となるが、これも中華思想の一例なのだ。

古代から天朝朝貢冊封秩序を必死に守ってきた大中華は、中華思想を自然に身につけている。それが国民性にまでなっているのも、風土風習から見れば当然といえるだろう。

小中華もやはり中華思想だが、「千年属国」だった点が異なる。「事大一心」でありながら大中華以上に中華思想が強いので、中華思想度は100%というより120%というべきかもしれない。

事大一心であれば、自律性を守るのは当然難しくなる。小中華の中華思想はたいてい、大中華を例外か除外扱いして初めて成り立っているものだ。

清末期に朝鮮に駐箚《ちゅうさつ》していた袁世凱は、まだ20代の一武人でありながら朝鮮国王以上に幅を利かせていた。袁は閔妃《ミンび》の妹を妾にし、配下の清の兵士でさえ両班の娘を妓生《キーセン》にして酌をさせ、泣き寝入りさせる始末だった。抗議として自殺するくらいしかメンツを保つ手段がなかったのは、実に情けない限りである。権勢を誇った大院君まで清の手で強制連行される有様だった。これも事大一心からくる悲劇といえるだろう。

小中華はいくら鼻高々に振る舞っていても、大中華にひとにらみされればすくんでしまう「虎の威を借る狐」である。同じ中華思想といっても、大と小では質的に違うといえるだろう。

西力東来後の近現代に入って、李朝朝鮮では「衛正斥邪」運動が高まった。「衛正」は中華の正統を守ること、「斥邪」は西夷の国に反対することである。小中華は大中華の藩屏であるので、大中華の大義を守らなくてはならない。「斥倭（日本排斥）」の碑まで建てられたほどだ。

このような「衛正斥邪」の考え方は、80年代以降の「反倭（反日）」における「正しい歴史認識」の伏流となっていた。その流れが激流となって現れてきたのだ。

小中華の中華思想は、大中華への「事大」があってこそ成り立つものだ。時系列でみても、大中華が「歴史」を持ち出せば「歴史」、「靖国」を取り上げれば「靖国」に呼応して尻馬に乗っているのは明らかである。その背後には反日日本人の誘導があることも否定できない。

民族や宗教、国によって文化や文明が異なってくることは、これまでもたびたび述べてきた。日本は多様性を容認する多元的社会であり、それ一つとっても中華の国のような全体主義、朱子学に代表される儒教的独善性とは社会の仕組みがまったく違っているのだ。

小中華が「歴史」「靖国」などについて独善的な主張をしてくるのは、民俗や国柄から理解できる。反日日本人がこれに同調するのも勝手だが、国家としてそれを認知するのは、自律性の放棄であり、日本という国家の自殺と知るべきである。

安倍総理の靖国参拝が世論をにぎわせたが、これはあくまで日本人の心と魂の問題であり、自国の文化は守らなくてはならない。

外部からいかなる抗議があろうと、またそれに呼応・同調する反日日本人がいようと、全体主義国家ではない日本では「絶対的価値」「絶対的大義」を押し付けることはできない。それが日本の国是でもある。

しかし中華の国の主張は全体主義国家による価値の独断であり、それに同調する勢力があろうと、日本がいちいちそれに従ったり、屈したりするべきではない。それが日本人の魂を守ることである。

思いやりは日本人古来の民族的特質である。それが悪いわけではないが、他人本位の思いやりは避けなくてはならない。中華思想の横槍をいちいち容認していてはきりがないのだ。この罠にはまることだけは避けなければならない。

それこそ日本人が最後まで守るべき原則である。これを失えば戦後の日本人は魂までも消失してしまうのではないか。私はそれを何よりも恐れ、憂えている。

あとがき

韓国の反日は近年に始まったことではない。しかし一国の国家元首が天皇を侮辱する発言をしたり、告げ口外交を展開したりという最近の狂騒ぶりは、やはり常軌を逸していると言わざるを得ない。日韓関係は日清・日露戦争以前に逆戻りし、韓国人のビヘイビアも19世紀まで先祖返りしてしまった。改めて考えると、実に恐ろしい事態である。

韓国の奇行に辟易した日本で嫌韓感情は広がっているのは誰の目にも明らかだ。どう対応すればよいのかと苦慮する声も少なくない。一方で、そういう国なのだから相手にしなければよい、下手に相手をしたらきりがない、という意見もある。

李明博前大統領は日本の国力について「昔ほど強くなくなっている」と語っているが、ここに反日の理由の一端があるだろう。日本の弱体化こそが問題の根底にある、と私は理解している。韓国は1000年以上にわたって「事大」を絶対不変の条件、かつ社会のエートス（社会的風習・意識）としてきたからだ。韓国のマスコミは「日本の右傾化」を盛んに吹聴するが、これには何の根拠もない。もっとも根本的な反日への対応策は「日本を取り戻すこと」だ。強い国を目指すしかない、というのは世界の常識である。

本書でも述べたように、目下韓国は3度目の国家破産の危機に直面している。すでに万策尽きた状態であり、韓国人は競って海外脱出を図っている。そんな中で反日に躍起となっている理由を知るには、小中華思想の呪縛を理解しなければならない。相手を知り、己を知れば、対応策はおのずと見えてくる。

神代から今日に至るまで、日本が計り知れない底力と対応力を示してきたことは、列強の時代や戦後の廃墟からも生き延びてきた歴史が如実に物語っている。

戦後「特亜」3兄弟の指南役だった反日日本人は徐々にではあるが姿を消してきており、日本の大地を愛する新しい世代が増えつつある。これも時代の流れと考えるべきである。

韓国の愚行にどう対処すべきか。正面から喧嘩しても意味がない。本書で逆手としてあげた「誉め殺し」、先人の知恵に学んだ「交遊謝絶」も考慮した方が良いだろう。

黄　文雄

著者紹介

黄 文雄（こう ぶんゆう）

1938年、台湾生まれ。1964年来日。早稲田大学商学部卒業。明治大学大学院西洋経済史学修士。拓殖大学日本文化研究所客員教授。『中国の没落』(台湾・前衛出版社)が大反響を呼び、評論家活動へ。1994年巫永福文明評論賞、台湾ペンクラブ賞受賞。『日本の道徳力』（扶桑社）、『日本人はなぜ中国人、韓国人とこれほどまで違うのか』（徳間書店）ほか200冊を超える著書がある。

幻冬舎ルネッサンス新書 090

GENTOSHA RENAISSANCE

犯韓論《はんかんろん》

2014年3月5日 第1刷発行
2014年3月10日 第2刷発行

著 者 黄 文雄
発行者 新実 修

発行所 株式会社 幻冬舎ルネッサンス
〒151-0051 東京都渋谷区千駄ヶ谷4-9-7
電話 03-5411-6710
http://www.gentosha-r.com

ブックデザイン 田島照久
印刷・製本所 中央精版印刷株式会社

ISBN978-4-7790-6096-0 C0295